Français Histoire
travaux dirigés

6e

Catherine de Crémiers
Fabienne Sauve

NOM : ....

PRÉNOM : ....

CLASSE : ....

HATIER

© HATIER, PARIS AVRIL 1998 - ISBN 2.218.72150-3

Français et Histoire : de quoi s'agit-il ?

Travailler les deux disciplines avec le même support ? Les professeurs de Français et d'Histoire d'une même classe devront-ils se concerter ? Comment les élèves réagiront-ils ?

Après quatre ans de tests dans plusieurs classes de 6e, les *Travaux dirigés Français-Histoire 6e* ont été bien accueillis. Les professeurs sont très satisfaits : ce que les élèves apprennent en Histoire est réutilisé en Français et inversement. Les élèves sont contents : les exercices sont simples, amusants… Ils sentent qu'ils font des progrès.

Les nouveaux programmes de 6e, en 1996, sont venus consacrer cette démarche expérimentale : il faut désormais travailler dans la pluridisciplinarité.

Fruit d'une expérimentation quotidienne avec les élèves, ce support « clef en main » permettra facilement aux professeurs de Français et d'Histoire de mettre en œuvre cette puridisciplinarité :

- Il contient les principaux extraits des grands textes aux programmes de Français et d'Histoire en 6e.
- Les exercices sont de difficulté progressive et leurs approches sont ludiques.

SOMMAIRE

L'ÉGYPTE AU TEMPS DES PHARAONS

PREMIER CONTACT AVEC L'ÉGYPTE AU TEMPS DES PHARAONS 6
H- Étude du cadre spatial (cartographie)
F- La carte d'identité du livre

LES PILLEURS DE SARCOPHAGES 8
Odile Weulersse, *Les pilleurs de sarcophages,* Paris, Livre de poche Jeunesse, 1984.
H- Éléments de civilisation (utiliser ses connaissances)
F- Étude du récit : le schéma narratif, les personnages

TÉTIKI AU VILLAGE DES EMBAUMEURS 10
Odile Weulersse, *Les pilleurs de sarcophages,* Paris, Livre de poche Jeunesse, 1984.
H- La mort chez les Égyptiens (repérer des informations)
F- Étude méthodique du vocabulaire

LA MOMIFICATION 12
C. Desroches-Noblecourt, extrait de *Toutankhamon,* Paris, 1976.
H- La momification (résumer des informations dans un tableau)
F- Approche des types de texte : du texte narratif au texte explicatif
F- Le paragraphe, une unité sémantique

ASTÉRIX ET CLÉOPÂTRE (1) ET (2) 14
Goscinny et Uderzo, *Astérix et Cléopâtre,* Paris, Dargaud, 1965.
H- La société égyptienne (réinvestir et élargir ses connaissances)
F- Lecture de l'image fixe ; lexique de la bande dessinée

JEUX 18

LES HÉBREUX, LE PEUPLE DE LA BIBLE

PREMIER CONTACT AVEC LES HÉBREUX 20
H- Le monde hébraïque (analyser une peinture ; situer sur une carte)
F- Autour du mot « Bible »

LA TOUR DE BABEL 22
Extrait de la Bible
F- Le schéma de communication

DIEU APPELLE ABRAHAM 24
Extrait de la Bible
H- Le trajet d'Abraham (associer un texte à une carte)
F- Le futur GRAMMAIRE
F- Reformulation ; description PRENEZ LA PLUME

MOÏSE 26
Extraits de la Bible
La naissance de Moïse - La vocation de Moïse : le buisson ardent - Le passage de la mer
H- La vie de Moïse (initiation à la biographie)
F- L'expression de l'ordre GRAMMAIRE

LE DÉCALOGUE 28
Extrait de la Bible
H- Les tables de la loi (analyser un texte)
F- L'ordre. Les substituts du groupe nominal GRAMMAIRE
F- Reformulation du règlement intérieur (Éducation civique) PRENEZ LA PLUME

LE COMBAT DE DAVID ET GOLIATH 30
Extrait de la Bible
H- D'Abraham à Salomon (évaluation)
F- L'ordre (évaluation) GRAMMAIRE
F- Récit d'une expérience personnelle PRENEZ LA PLUME

RÉCITS TIRÉS DE LA BIBLE 32
La création du monde -Le paradis et la création de la femme - L'arche de Noé - Le sacrifice d'Abraham - Le jugement de Salomon
F- Lecture personnelle

JEUX 34

LA GRÈCE, BERCEAU DE NOTRE CIVILISATION

PREMIER CONTACT AVEC LA GRÈCE ANTIQUE 36
P. Grimal, extrait du *Dictionnaire de la mythologie grecque et romaine,* Paris, 1969.
H- Les origines de la guerre de Troie (cartographie ; dieux)
F- Le grec parmi nous

L'ÉPOPÉE HOMÉRIQUE 38
Jacqueline de Romilly, extraits de *Homère,* P.U.F., 1992.
L'Iliade *quel type de source ?*
La guerre de Troie : de l'histoire à l'épopée
H- L'*Iliade* et l'*Odyssée* (les sources)
F- L'*Iliade*, une épopée
F- Le paragraphe, une unité sémantique

AVANT LE COMBAT 40
Extrait de l'*Iliade*
F- Les acteurs de l'*Iliade* (dieux et héros)
F- Le champ lexical du destin ; les comparaisons
F- Portrait d'Achille PRENEZ LA PLUME

LE CHEVAL DE TROIE 42
Extrait de l'*Iliade*
F- Les expansions du nom ; les épithètes homériques GRAMMAIRE
F- Portrait d'Ulysse PRENEZ LA PLUME

LA TEMPÊTE 44
Extrait de l'*Odyssée*
F- Le texte descriptif : le champ lexical de la mer et des vents ; imparfait et passé simple (description /récit) ; comparaisons GRAMMAIRE
F- Description d'une tempête PRENEZ LA PLUME

LES AVENTURES D'ULYSSE (1) ET (2) 46
Extraits de l'*Odyssée* : *Le Cyclope Polyphème - l'outre d'Éole*
Circé - Les Sirènes - Ulysse de retour à Ithaque
H- Le périple d'Ulysse (du texte à la carte)
F- Lecture - compréhension

ULYSSE AU ROYAUME DES MORTS 50
Extrait de l'*Odyssée*
F- L'*Iliade* et l'*Odyssée* : évaluation sommative

LES DOUZE TRAVAUX D'HÉRACLÈS 52
H- Les dieux grecs (associer un texte à des illustrations)

L'UNITÉ GRECQUE 54
H- La civilisation grecque (évaluation)

JEUX 56

ROME

PREMIER CONTACT AVEC ROME 58
Virgile, *D'Énée à Romulus*, extrait de l'*Énéide*
H- Berceau de la Rome antique (cadre spatio-temporel)

LES MÉTAMORPHOSES D'OVIDE : L'HÉRITAGE GREC DANS LE MONDE ROMAIN (1) ET (2) 60
Ovide, extraits des *Métamorphoses*
Dédale et Icare - Pygmalion - Persée et Atlas
F- Du latin au français (étymologie) LATIN
F- Description d'une image PRENEZ LA PLUME

L'ÉNÉIDE (1) ET (2) 64
Virgile, extraits de l'*Énéide*
L'arrivée d'Énée à Carthage - Didon -
Énée aux Enfers - L'arrivée dans le Latium
H- Les débuts de la Rome antique (s'informer à l'aide de textes)
F- Le lexique des Enfers
F- Les types de phrases GRAMMAIRE

LE PÉRIPLE D'ÉNÉE 68
H F- L'expression du lieu en géographie et en français GRAMMAIRE
F- Du latin au français (le vocabulaire du lieu) LATIN
F- Récit d'un voyage PRENEZ LA PLUME

LA FONDATION DE ROME 70
Tite-Live, extrait de l'*Histoire de Rome*
H- La naissance de Rome (évaluation)
F- Civilisation latine (les dieux) LATIN

L'ENLÈVEMENT DES SABINES 72
Tite-Live, extrait de l'*Histoire de Rome*
H- La société romaine (vocabulaire)
F- L'argumentation (initiation)
F- Initiation à la langue latine (syntaxe) LATIN

LE COMBAT DES HORACES ET DES CURIACES 74
Tite-Live, extrait de l'*Histoire de Rome*
H- Les débuts de la Rome antique (la chronologie)
F- L'expression du temps en français GRAMMAIRE

LA GUERRE DES GAULES 76
César, extraits de *La Guerre des Gaules*
Le siège d'Alésia -Vercingétorix se rend à César
H- Conquête de la Gaule (du texte au schéma ; la biographie)

LA VILLE DE ROME OU L'URBS 78
H- Les monuments de la ville romaine (vocabulaire)
F- Étude méthodique du mot hippodrome

LA ROMANISATION DES PROVINCES ROMAINES 80
Tacite, *La romanisation des Bretons*, extrait de la *Vie d'Agricola*
H- La romanisation (transférer des informations)
F- Du latin au français (les langues romanes) LATIN

QUELQUES ASPECTS DE LA CIVILISATION ROMAINE 82
H- La vie quotidienne à Rome (de la recherche documentaire à l'exposé oral)
F- Description d'un lieu (lettre à un ami) PRENEZ LA PLUME

JEUX 84

LA NAISSANCE DU CHRISTIANISME

PREMIER CONTACT AVEC LE CHRISTIANISME 86
H- La religion chrétienne (initiation à l'iconographie)

LA VIE DE JÉSUS 88
H- Le calendrier liturgique (utiliser des informations)
F- La vie de Jésus illustrée par les artistes PRENEZ LA PLUME

L'EXPANSION DU CHRISTIANISME 90
H- Le *Nouveau Testament* et la diffusion du christianisme (maîtriser le vocabulaire et les cadres spatio-temporels)

JEUX 92

En guise de conclusion 94
Frises comparatives
L'héritage antique dans la culture française

Solution des jeux 96

PREMIER CONTACT AVEC L'ÉGYPTE AU TEMPS DES PHARAONS

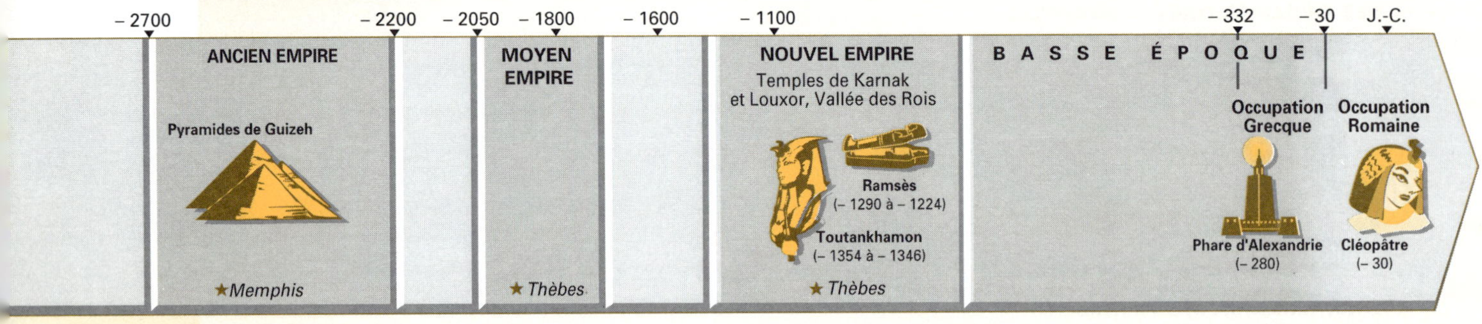

CARTE D'IDENTITÉ DU LIVRE

Reprenez votre livre et indiquez, l'un en dessous de l'autre et en respectant l'ordre :

- en lettres capitales le nom de l'auteur, puis, entre parenthèses et en minuscules, son prénom
- le titre du livre que vous soulignerez
- le lieu de l'édition et, entre parenthèses, le nom de l'éditeur
- la collection
- la date de publication
- le nombre de pages.

....

....

....

....

....

....

....

....

VOCABULAIRE

A VOCABULAIRE *ÉDITORIAL*

1– Où la table des matières se trouve-t-elle ?

2– Qu'est-ce qu'un index ?

3– Y en a-t-il un dans le livre ? Si oui, à quelle page est-il ?

4– Qu'est-ce qu'une jaquette ?

5– Quel est le nom de l'illustrateur ?

6– Quelles sont les informations données par la quatrième de couverture ?

1– ....

2– ....

....

3– ....

4– ....

....

5– ....

6– ....

....

B VOCABULAIRE *HISTORIQUE*

À l'aide de votre manuel d'histoire ou d'un dictionnaire, recopiez les définitions des mots suivants.

- Pharaon : ....
- Papyrus : ....
- Scribe : ....

....

LE CADRE SPATIAL

A Complétez la carte ci-contre en respectant les consignes.

1– Coloriez
- en bleu le Nil
- en vert les rives fertiles du Nil
- en jaune les déserts.

2– Situez et indiquez par :
- des minuscules bleues la mer Rouge et la Méditerranée
- des capitales noires épaisses la Haute-Égypte et la Basse-Égypte
- des minuscules noires les déserts libyen et arabique
- un carré rouge et de petites capitales rouges Memphis et Thèbes.

3– Indiquez par une flèche bleue le sens du Nil.

4– Donnez un titre à la carte.

5– Faites la légende.

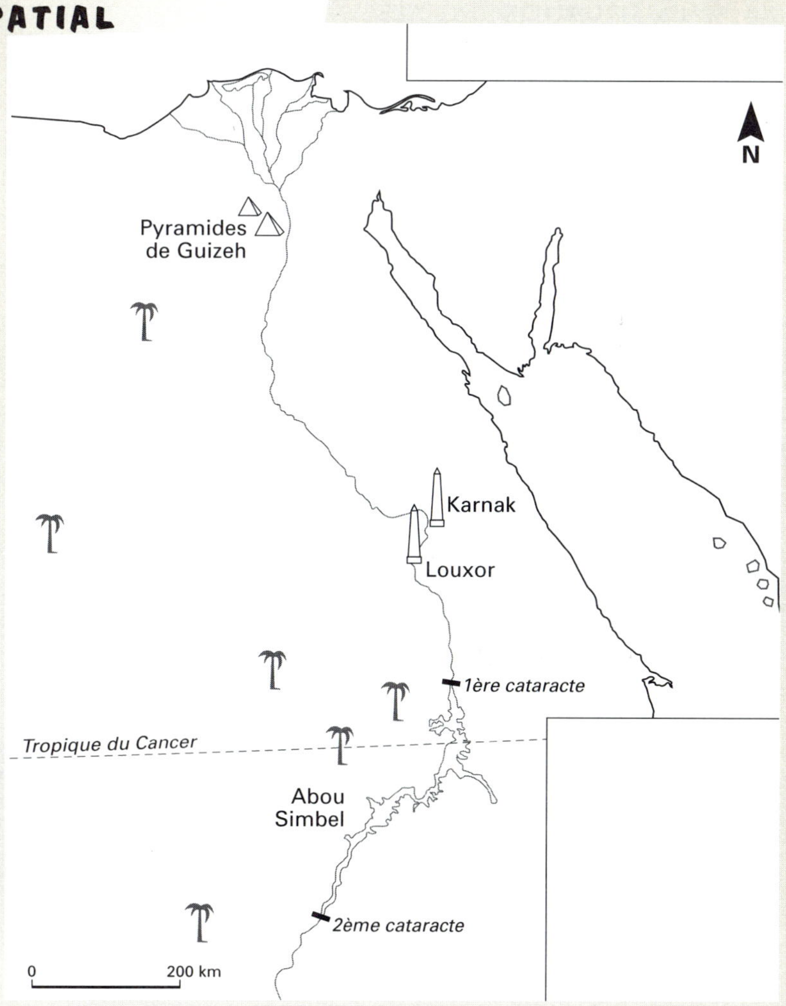

B Complétez le texte ci-dessous.

« L'Égypte ancienne est un petit pays situé au .... de l'Afrique. Elle se divisait en deux régions : la .... au nord (le delta du Nil), la .... au sud (vallée du fleuve). L'Égypte est un pays désertique qui touche au nord la mer .... et au sud, le tropique du . ... À l'ouest, se trouve le désert .... et à l'est, la mer .... et le désert .... Du nord au sud l'Égypte est traversée par un grand fleuve, le .... qui se jette dans la mer .... »

LES PILLEURS DE SARCOPHAGES

LE SCHÉMA NARRATIF

A LA SITUATION INITIALE

1– Quel est le nom du héros des *Pilleurs de sarcophages* ?
2– Où vit-il ? (dans quel pays ? dans quelle île ?)
3– Comment son père s'appelle-t-il ?

1– ....
2– ....
3– ....

B L'ÉLÉMENT PERTUBATEUR OU MODIFICATEUR

1– Qui sont les Hyksos ?
2– Recherchez dans le livre la solution à l'énigme suivante : « L'or se trouve dans les demeures d'éternité ».

1– ....
....
2– ....
....
....

C L'ÉLÉMENT DE RÉSOLUTION

Pour chacune des situations, entourez le bon dessin.

1– L'animal qui permet au héros de découvrir l'emplacement du tombeau de Taa est : un chat • une gazelle • un scarabée.
2– Kanefer se débarrasse d'Hori parce qu'il veut : voler les bijoux de la momie • emporter la momie.
3– Pour tuer Hori, Kanefer utilise : un poignard • un scorpion • du poison.

1–

2–

3–

D LA SITUATION FINALE

Coloriez la réponse juste dans la couleur de votre choix .

1– Tétiki, accusé injustement, est libéré de la prison de Pharaon grâce à : Penou • Ramose • Makaré.

2– Grâce à l'aventure de Tétiki, les Hyksos sont : vaincus • victorieux.

1– Penou Ramose Makaré

2– vaincus victorieux

LES PERSONNAGES

1– Reliez les personnages à leur fonction par une flèche bleue.

2– Soulignez en rouge le nom des personnages qui s'opposent aux actions de Tétiki (les OPPOSANTS).

3– Soulignez en vert le nom des personnages qui aident le héros à remplir sa mission (les ADJUVANTS).

PERSONNAGES	LEURS FONCTIONS
Ahmosis ❑	❑ chef des Hyksos
Antef ❑	❑ pharaon
Apopi ❑	❑ préposé aux soldats
Didiphor ❑	❑ babouin, singe
Hori ❑	❑ tailleur de pierres
Imhotep ❑	❑ vieux médecin
Kanefer ❑	❑ scribe de la nécropole
Makaré ❑	❑ complice d'Antef
Peikaru ❑	❑ père de Tétiki
Penou ❑	❑ orfèvre renommé
Ramose ❑	❑ nain, danseur
Tétiki ❑	❑ héros

ÉLÉMENTS DE CIVILISATION

1– Quel est le fleuve de l'Égypte ?

2– Le delta du Nil se situe-t-il au nord ou au sud ? Quel nom donne-t-on à cette région ?

3– Comment appelait-on ceux qui, à l'époque de Tétiki, savaient lire les hiéroglyphes ?

4– Par qui l'Égypte était-elle dirigée ? Comment appelait-on son premier conseiller ?

5– Qu'appelle-t-on la Vallée des Rois ? Près de quelle grande ville se situe-t-elle ?

6– À l'aide de votre lecture, citez le nom des principaux dieux de l'Égypte antique. Précisez leur rôle. Quand c'est possible, indiquez entre parenthèses sous quelle forme animale ils étaient représentés.

1– ....

2– ....

....

3– ....

4– ....

....

5– ....

....

....

6– ....

....

....

TÉTIKI AU VILLAGE DES EMBAUMEURS

Relisez l'ensemble du chapitre 9 des *Pilleurs de sarcophages* pour répondre aux questions suivantes. Vos réponses peuvent être complétées par d'autres sources (dictionnaire, encyclopédie, manuel d'histoire...).

VOCABULAIRE

A DÉFINITIONS

Vérifiez dans le dictionnaire la définition des mots suivants :
• vases canopes • embaumement • aromate • défunt • amulettes.
Puis mettez la bonne légende sous chaque dessin.

....

....

....

....

....

B ÉTYMOLOGIE

1– Quelle est l'étymologie du mot sarcophage ?
2– Quelle est la caractéristique orthographique qui le confirme ?
3– Recopiez la définition de ce mot.

1– ....
2– ....
3– ....
....

C ÉTUDE DE LA FORMATION DES MOTS

1– Quelles sont les deux racines du mot nécropole ? Donnez leur signification.
• Recherchez deux synonymes du mot nécropole et donnez leur définition.
2– Définissez le radical –céphale
• Pourquoi dit-on des dieux égyptiens qu'ils sont zoocéphales ?
3– En vous aidant de l'étude des deux mots précédents, proposez une définition méthodique du mot déshydratation.

1– ....
....
• ....
....
2– -céphale : ....
• ....
3– Dés-hydrat-ation : ....
....

COMPRÉHENSION

Répondez aux questions suivantes en justifiant vos réponses par des exemples ou citations précises de ce chapitre.
Précisez les pages citées.

1– Qu'est-ce que le ka ?
2– Par qui le « royaume d'en bas » est-il gardé ?
3– Pourquoi Tétiki veut-il que son ami Hori soit embaumé ?
4– Pourquoi le village des embaumeurs est-il situé à l'écart ?
5– Quelles sont les trois catégories d'embaumement que le chef des embaumeurs propose à Tétiki ?
6– Combien de temps faut-il pour réaliser un embaumement ?
7– Relisez attentivement les pages consacrées à l'embaumement puis reliez chaque atelier à son activité.
8– Énumérez les motifs dessinés par Penou sur les momies des pauvres.
• Choisissez-en deux et aidez-vous de votre manuel d'histoire ou d'une encyclopédie pour les dessiner.

1– ....

....

2– ....

3– ....

....

....

4– ....

....

5– ....

....

6– ....

7–

Atelier des Parachites ❑	❑ Orner la momie
Atelier des Taricheutes ❑	❑ Extraire les organes
Atelier de décoration ❑	❑ Déshydrater le corps

8– ....

....

L'EMBAUMEMENT

LA MOMIFICATION

« La momification devait transformer, par ses pratiques, ses amulettes et ses rites, le cadavre du roi en un dieu. Après avoir retiré, par les narines, une grande partie du cerveau, on dissolvait grâce à certains produits aromatisés, ce qui restait dans la boîte crânienne. Puis on prélevait les viscères par une ouverture ménagée dans le flanc. L'abdomen est ensuite rempli de myrrhe et d'aromates divers. Ainsi ne restait-il dans le corps aucune matière putrescible. Dès leur extraction, les organes étaient préparés pour être déposés dans des vases à panse renflée et au couvercle sculpté à l'image d'un visage humain. Le corps, ainsi privé de ce qui pouvait se corrompre, et entièrement rasé, était plongé, durant une période de soixante-dix jours, dans du natron sec, qui absorbait tout ce qui pouvait rester en lui d'humidité. Après cette opération, il était lavé et on le faisait sécher sur des lits en forme d'animaux, très hauts sur pattes, pour permettre aux officiants de les manipuler, sans être obligés de se baisser. Puis venait le travail des bandelettes, dernière étape de la momification. Il fallait des centaines de mètres de lin très fin pour protéger tout le corps du défunt. On commençait par entourer séparément chaque doigt des mains et les orteils, puis chaque membre et enfin tout le corps. Au cours de ces enveloppements, des prières étaient récitées et l'on prononçait des formules magiques. Puis la momie était ornée. »

D'après C. Desroches-Noblecourt, *Toutankhamon*, Paris, 1976.

COMPRÉHENSION DU TEXTE

A VOCABULAIRE

Cherchez dans le dictionnaire le sens courant des mots ci-contre.
Recopiez-en la définition.

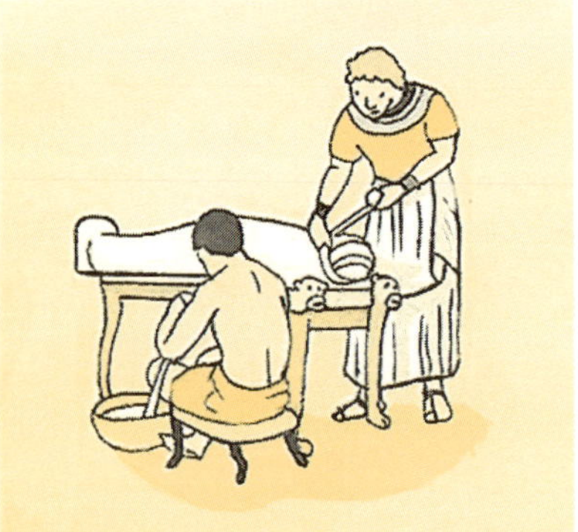

- Rite : ....
....
....
- Officiant : ....
....
....
- Momification : ....
....
....
- Putrescible : ....
....
....

B ÉLÉMENTS DE CIVILISATION

1– Le texte parle de « vases à panse renflée et au couvercle sculpté à l'image d'un visage humain ». Quel nom donne-t-on à ces vases ?

2– Relisez dans votre manuel d'histoire le mythe d'Osiris qui explique la momification.

1– ....

....

LE PARAGRAPHE

1– Revoyez attentivement la correction de la page 11 puis relisez le texte de C. Desroches-Noblecourt. Divisez-le en trois paragraphes. Indiquez le début de chaque paragraphe par un trait rouge.

2– Donnez à chacun des paragraphes un titre sous la forme d'une phrase nominale.

3– Recopiez le texte sur une copie en commençant chaque paragraphe par un alinéa.

2– • 1er § ....

....

....

• 2e § ....

....

....

• 3e § ....

....

....

RÉSUMER DES INFORMATIONS DANS UN TABLEAU

Utilisez les mots suivants pour compléter le tableau ci-dessous.

- organes internes • natron • orner
- bandelettes • myrrhe • déshydrater
- amulettes • plantes aromatiques.

ATELIERS	ACTIVITÉS DES ATELIERS	PRODUITS UTILISÉS
PARACHITES	❶ Enlever les .... ❷ Nettoyer et redonner au corps sa forme habituelle.	– Drogues dissolvantes – Vin de palmier – Résine de térébinthe – .... – Autres ....
TARICHEUTES	.... le corps pendant 40 jours.	– Sel – ....
DÉCORATEURS	Préparer et .... la momie.	– .... – Peintures – ....

ASTÉRIX ET CLÉOPÂTRE (1)

APPRENEZ À LIRE DES IMAGES

A LES SOURCES

1– Quelle est la nature du document ?

2– S'agit-il d'une source historique ou d'une fiction ?

1– ....

2– ....

....

B LE CADRE SPATIO-TEMPOREL

Relisez la page 5.

1– Dans quel pays et dans quelle ville se situe la fiction ?

2– Identifiez les deux personnages ci-contre.

....

1– ....

....

2–

...., reine d'Égypte.

Astérix et Cléopâtre

...., général romain.

C MOYENS D'EXPRESSION

Lisez le lexique de la bande dessinée (page 17) avant de répondre aux questions.

1– Qui parle dans l'encadré jaune de la première vignette **page 5** ?

2– Quels sont les différents moyens (image et texte) qui permettent d'exprimer la colère de Cléopâtre à la **page 5**. Trouvez-en au moins trois.

3– **Page 6, vignette 7**
La bulle n'a pas la même forme que les autres.
Quelle est la différence ?
Que traduit cette différence ?

4– **Étude des plans dans la page 6.**
• Dans quelle vignette trouve-t-on un gros plan sur un personnage ?
• Dans quelle vignette trouve-t-on un plan en plongée ?
• Dans quelle vignette trouve-t-on un plan en contre-plongée ?

Page 5, vignette 1

Astérix et Cléopâtre

1– ....

....

2– ....

....

Page 6, vignette 7

Astérix et Cléopâtre

....

3– ....

....

....

....

4– • ....

• ....

• ....

UTILISEZ VOS CONNAISSANCES

A SOCIÉTÉ, RELIGION ET MONDE DE LA MORT CHEZ LES ÉGYPTIENS DE L'ANTIQUITÉ

Page 6, vignette 1

Astérix et Cléopâtre

1– **Page 6, vignette 1**
Quels sont les attributs de la reine ?

1– ....

....

....

....

Page 23, vignette 1

Astérix et Cléopâtre

2– **Page 23, vignette 1**
Qu'est-ce qu'une pyramide ?
• Rappelez le nom des trois pyramides de la nécropole de Gizeh.
• Quel autre monument célèbre se trouve dans cette nécropole ?

2– Pyramide : ....

• ....

• ....

Page 34, vignette 9

Astérix et Cléopâtre

3– **Page 34, vignette 9**
Quel nom donne-t-on à la « grande boîte » trouvée par Obélix ?

3– ....

4– Observez la tenue vestimentaire de Cléopâtre (**page 29**) puis celle des travailleurs sur le chantier (**page 14**). Complétez ensuite le tableau ci-contre à l'aide des mots proposés :
• bijoux • pagnes courts
• maquillent • habits plissés.

4–

LE PEUPLE	LES PRIVILÉGIÉS
Les hommes s'habillent avec des .... et les femmes avec des tuniques longues et étroites.	Ils sont vêtus d' .... avec une robe transparente par-dessus. Les étoffes sont fines. Hommes et femmes portent des ...., des perruques et se ....

ASTÉRIX ET CLÉOPÂTRE (2)

B L'ÉCRITURE ÉGYPTIENNE : LES HIÉROGLYPHES

Page 12, vignette 10

1– Qu'est-ce qu'un hiéroglyphe ?
2– Quelle est la fonction de ce personnage ?
3– Expliquez sa réponse au druide.

Page 12, vignette 10

Astérix et Cléopâtre

1– Hiéroglyphe : ....

....

2– ....

3– ....

....

C L'ÉGYPTE PARMI NOUS

Consultez un dictionnaire pour répondre aux questions suivantes.

1– **Page 10**, le druide explique à Obélix que la tour de l'île de Pharos, dite aussi tour d'Alexandrie, était l'une des sept merveilles du monde. Recherchez les six autres merveilles du monde.
2– **Page 26, vignette 6**
Une place célèbre de Paris porte le nom de « place de la Concorde » ; qu'est-ce qui, sur cette place, se rapporte à l'Égypte ancienne ?
3– **Page 7, vignette 4**
Cherchez les deux sens du mot alexandrin.

1– ....

....

Page 26, vignette 6

Astérix et Cléopâtre

2– ....

3– ....

Page 7, vignette 4

Astérix et Cléopâtre

....

4– **Page 5, vignette 1**
Quelle est la capitale de l'Égypte sous Cléopâtre ?

5– **Page 47, vignette 2**
Quel est le monument de cette ville qui l'a rendue célèbre ?

Page 5, vignette 1

Astérix et Cléopâtre

4– ....

....

5– ....

....

Page 47, vignette 2

Astérix et Cléopâtre

JOUEZ AVEC LES MOTS

Relisez la page 12.

1– Quel est le nom du scribe ? Pourquoi est-il comique ?

2– Le latin et le grec sont aujourd'hui couramment appelés « langues mortes ». Expliquez cette expression.
• Pourquoi l'architecte Numérobis dit-il que le latin et le grec sont des langues vivantes ?

3– Sur la vignette ci-contre, coloriez en bleu la bulle où le mot situation est employé au sens propre et en rouge celle où il est employé au sens figuré.

1– ....

....

....

2– ....

....

• ....

3–

Page 12, vignette 8

Astérix et Cléopâtre

LE LEXIQUE DE LA BANDE DESSINÉE

Une bande dessinée est un ensemble d'images grâce auxquelles on raconte une histoire. Les pages sont appelées **planches.** Chaque planche est composée de **vignettes** : ce sont les cadres dans lesquels s'inscrivent les dessins. Pour attribuer la parole à quelqu'un on utilise des **bulles.** Le personnage peut être cadré en **plan moyen** (de la tête aux pieds) ou en **gros plan** (la tête seule). On peut aussi utiliser différents axes de vue : la **plongée** (vue d'en haut) ou la **contre-plongée** (vue de dessous).

JEUX

1. VRAI OU FAUX ?

Pour chacune des affirmations ci-dessous, entourez la réponse juste.

1. V F Les pyramides sont des tombeaux pour les pharaons.
2. V F Louxor est une pyramide.
3. V F Le sarcophage est un cercueil.
4. V F Ramsès II est un pharaon d'Égypte.
5. V F Thèbes était la capitale de la Basse-Égypte.
6. V F Au nord, l'embouchure du Nil est un delta.
7. V F Seuls les scribes savaient écrire.
8. V F Près de 90 % de la population se composait de paysans.
9. V F Anubis est un dieu zoocéphale.
10. V F Les crues du Nil étaient la richesse de l'Égypte.

2. JEUX DES 10 ERREURS

Des élèves ont préparé un résumé sur l'Égypte. Ils ont commis dix erreurs. Soulignez les erreurs et corrigez-les.

SITUÉE au nord-est de l'Afrique, l'Égypte ancienne se divisait en deux régions : la Basse-Égypte au sud (le delta du Nil) et la Haute-Égypte au nord (vallée du fleuve). Du sud au nord, elle est traversée par un grand fleuve, le Tigre, sans lequel elle serait un désert. L'Égypte était dirigée par un roi, envoyé des dieux, chargé d'assurer à son peuple la nourriture, la justice et la paix.

LES ÉGYPTIENS de l'Antiquité étaient monothéistes. Les dieux les plus connus sont Osiris, dieu de la guerre, Isis, sa femme, Horus, son fils, dieu à tête de chacal. Il y a aussi Anubis à tête de faucon, responsable de la pesée des cœurs, Maât, déesse de la justice et Thôt dieu des scribes, à tête d'ibis.

LES ÉGYPTIENS croyaient à la vie éternelle. C'est pourquoi il était nécessaire de brûler les corps par la pratique de l'embaumement. Ils étaient mis dans des sarcophages, cachés dans les pyramides, palais des pharaons.

JEUX

3. FAITES LE BON CHOIX

Mettez le nom qui convient sous chacune des représentations ci-dessous.

1. ……………………

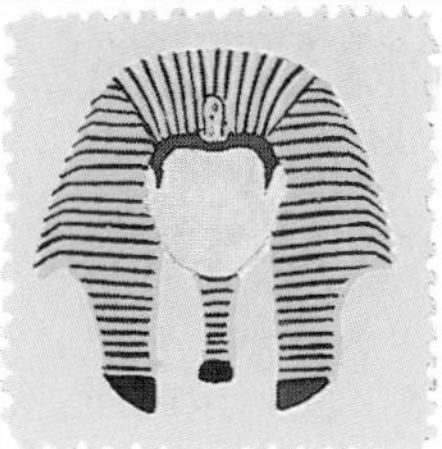

2. ……………………

3. ……………………

4. ……………………

5. ……………………

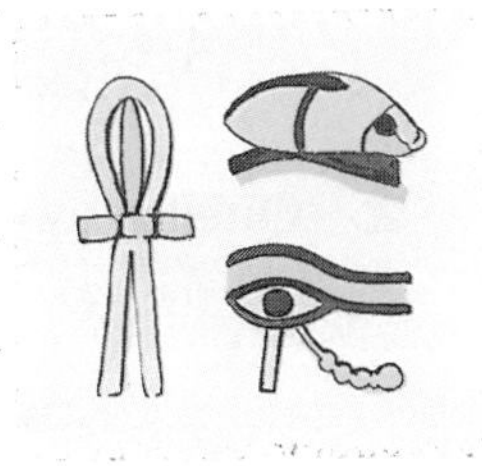

6. ……………………

7. ……………………

8. ……………………

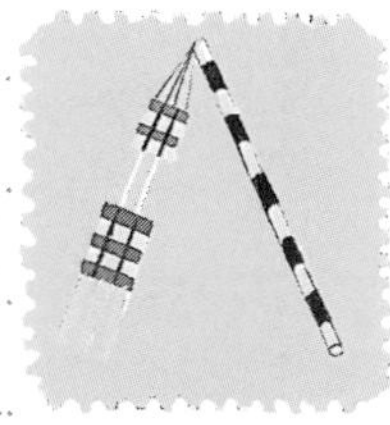

9. ……………………

10. ……………………

11. ……………………

12. ……………………

Pour aller

UN PEU PLUS LOIN...

Lectures

- P. JACOBS (Edgar), *Le mystère de la grande pyramide*, Bruxelles, éd. Blake et Mortimer, 1996, 2 vol.
- JACQ (Christian), *Contes et légendes du temps des pyramides*, Paris, Nathan, 1996.
- MIDANT- REYNES (Béatrix), *Ousserê, prince du Nil*, Paris, Hatier, 1990.
- MIQUEL (Pierre), *La vie privée des hommes au temps des Anciens Égyptiens*, Paris, Hachette, 1990.

Visites

Le nouveau département égyptien du musée du Louvre.

Films

Cléopâtre
de Joseph MANKIEWICZ
avec Elizabeth Taylor, Richard Burton, Rex Harrison.

Affiche du film *Cléopâtre* de J Mankiewicz

PREMIER CONTACT AVEC LES HÉBREUX

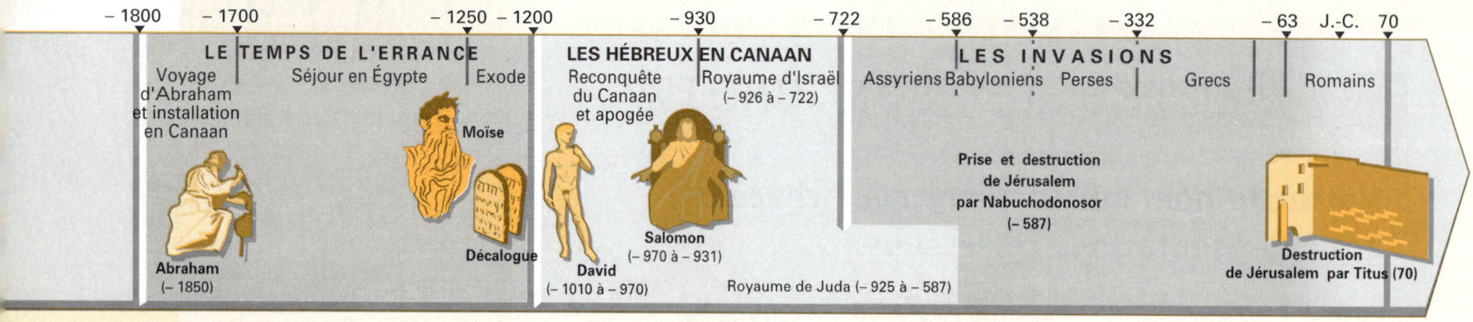

BIBLE n.f. (XIIe, lat. biblia, mot grec « livres saints »). Recueil de textes sacrés dont une partie (*Ancien Testament*) est commune aux juifs et aux chrétiens et l'autre (*Nouveau Testament*) propre aux seuls chrétiens. (*Larousse illustré*)

L'*Ancien Testament* raconte l'alliance entre Dieu et les hommes et le *Nouveau Testament* la vie et le message de Jésus.

La Bible hébraïque comprend :
- la Loi ou Torah
- les Prophètes
- les Écrits.

La Bible en dates :
- 390-405, saint Jérôme traduit la Bible en latin ; c'est la *Vulgate*.
- Vers 1455, le premier ouvrage imprimé par Gutenberg est la Bible.
- 1672, principale traduction de la Bible en français.
- Aujourd'hui, on vend en France chaque jour, 230 exemplaires de la Bible.

1– Expliquez chacun des mots formés à partir du radical biblio-.

Biblio
- thèque : ....
- phile : ....
- thécaire : ....

2– Quelles sont les deux religions qui s'appuient sur la Bible ?

....

....

3– Observez le tableau de *Saint Jérôme* selon Georges de La Tour (XVIIe s.).

• Quel est le livre qui est aux pieds de saint Jérôme ?

....

• Répondez aux questions suivantes puis dites pourquoi cette représentation du livre est anachronique (d'une autre époque).
À quel siècle saint Jérôme a-t-il vécu ?

....

De quand date l'apparition de l'imprimerie ? ....

• ....

....

....

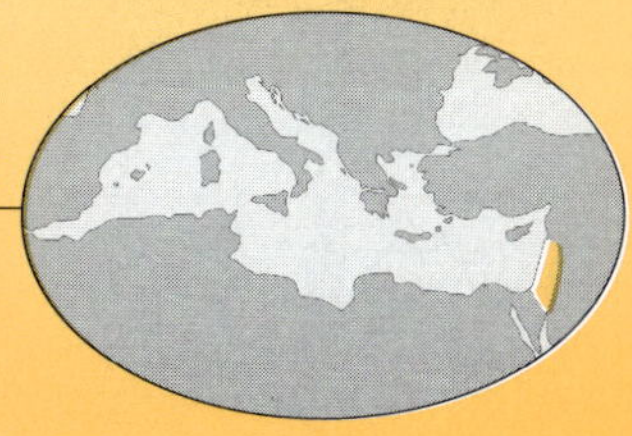

LA BIBLE MODE D'EMPLOI

Nom du LIVRE BIBLIQUE — LA GENÈSE

Nom du CHAPITRE — **La chute**

Numéro du CHAPITRE — **3**

3 1 Le serpent était le plus rusé de tous les
animaux des champs que Yahvé Dieu avait
faits. Il dit à la femme : « Alors, Dieu a dit : Vous
ne mangerez pas de tous les arbres du jardin ? » 2
La femme répondit au serpent : « Nous pouvons
manger du fruit des arbres du jardin. 3 Mais du
fruit de l'arbre qui est au milieu du jardin, Dieu a
dit : Vous n'en mangerez pas, vous n'y toucherez
pas sous peine de mort. » 4 Le serpent répliqua à
la femme : « Pas du tout ! Vous ne mourrez pas ! 5
Mais Dieu sait que, le jour où vous en mangerez,
vos yeux s'ouvriront et vous serez comme des
dieux, qui connaissent le bien et le mal. » 6 La
femme vit que l'arbre était bon à manger et sédui-
sant à voir, et qu'il était, cet arbre, désirable pour
acquérir le discernement. Elle prit de son fruit et
mangea. Elle en donna aussi à son mari, qui était
avec elle, et il en mangea. 7 Alors leurs yeux à tous
les deux s'ouvrirent et ils connurent qu'ils étaient
nus ; ils cousirent des feuilles de figuier et se firent
des pagnes.

Numéro de VERSET

LE CADRE SPATIAL

La carte de la Bible

Complétez la carte ci-contre.

- Matérialisez les mers par un liseré bleu.
- Indiquez au fur et à mesure des lectures des pages suivantes, le titre qui correspond à chaque dessin.

1 – ....

2 – ....

3 – ....

4 – ....

5 – ....

6 – ....

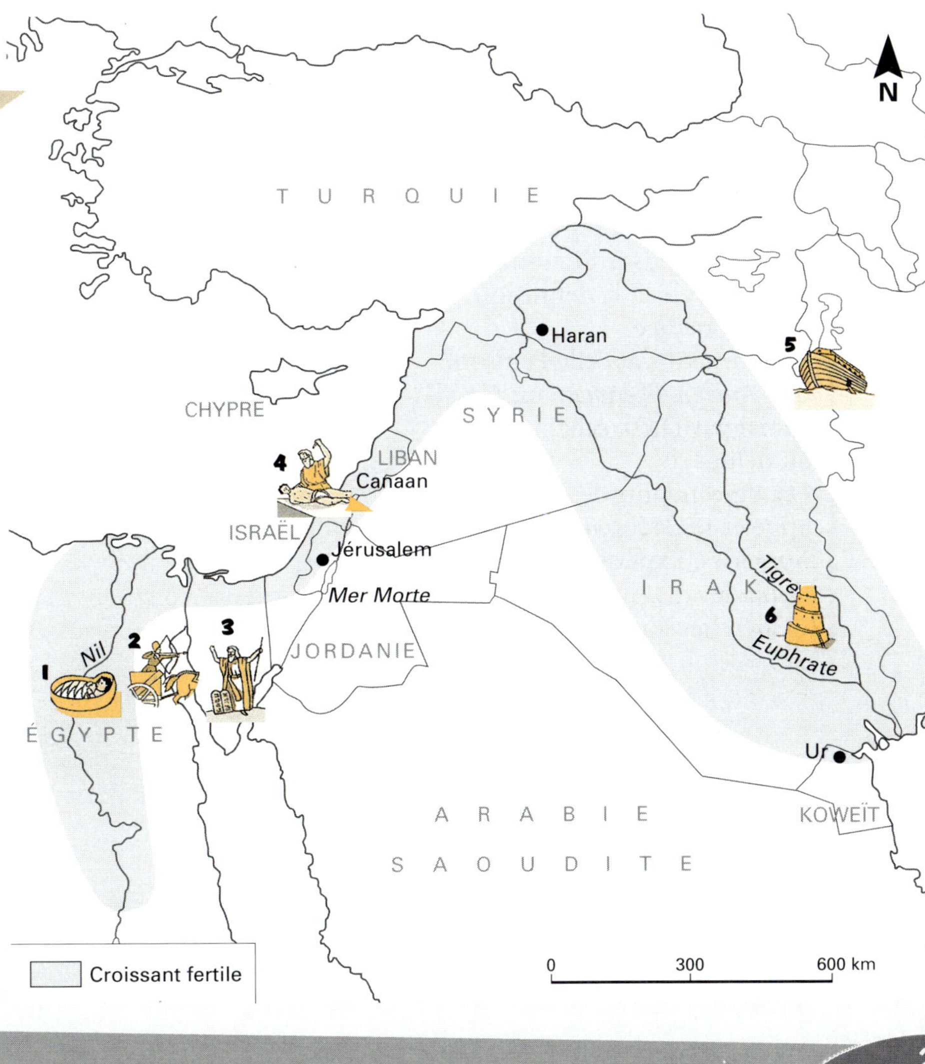

LA TOUR DE BABEL

Après le déluge, Noé et ses fils Sem, Cham et Japhet s'établirent et cultivèrent la terre. Noé planta une vigne. Ils eurent une grande descendance et commencèrent à se répandre et à peupler le monde comme Dieu en avait donné l'ordre à Noé.

« TOUT le monde se servait d'une même langue et des mêmes mots. Comme ces nomades se déplaçaient vers l'Orient, ils trouvèrent une plaine et décidèrent de s'y fixer. Ils se dirent : "Arrêtons-nous là, faisons des briques et cuisons-les au feu ! Bâtissons-nous une ville et une tour dont le sommet pénètre les cieux !" Ils se mirent aussitôt au travail, fabriquant à l'aide de boue et de paille des briques qu'ils durcissaient au soleil.

Ils utilisaient du goudron en guise de mortier pour sceller les briques.

Cela ne plut pas à Dieu. Il était mécontent et affligé de voir qu'une fois encore, les hommes agissaient par orgueil. Yahvé savait qu'ils ne cesseraient jamais leurs machinations qui les entraînaient loin des sages plans qu'il avait conçus pour eux. Aussi décida-t-il de les disperser dans toutes les directions avant qu'ils ne deviennent encore plus vantards et ambitieux. Les hommes ne pouvaient plus se comprendre car ils avaient subitement des langages différents. L'orgueilleuse tour de Babel ne fut jamais terminée ; il n'en resta bientôt qu'un amas de briques renversées. »

D'après la Bible, Genèse 11. 1-9.

1– En vous aidant des explications de la page précédente complétez les cadres ci-contre avec les bonnes références.

2– Le mot sémite a pour étymologie le nom propre « Sem ». Qui est Sem ?
- Recherchez un synonyme courant du nom sémite.

3– Cherchez dans le dictionnaire l'étymologie et la définition du mot déluge.
- Comment s'appelle l'épisode de l'*Ancien Testament* où Noé, choisi par Dieu, échappe au déluge ?

4– Les descendants de Noé sont appelés les Hébreux. Ils étaient nomades. Expliquez le mot nomade.
- Cherchez son antonyme.

1– La Tour de Babel d'après la Bible, Genèse 11. 1-9

livre biblique	n° du chapitre	n° des versets	titre de l'extrait
....	....	....	....
....	....	....	....

2 – Sem : ....

- ....

3 – Déluge : ....

....

....

....

- ....

....

4 – Nomade : ....

....

....

- ....

5 – Quel est l'autre nom qui, dans le texte, sert à désigner Dieu ?

5 – ....

....

6 – Dieu punit les descendants de Noé parce qu'ils sont orgueilleux. Les orgueilleux sont des personnes qui ont une très bonne opinion d'elles-mêmes, qui se sentent supérieures aux autres. L'orgueil est un péché, c'est-à-dire une action contraire aux lois de Dieu.

Cherchez le mot péché dans le dictionnaire : précisez ce qu'on appelle le péché originel.

- On dénombre 7 péchés capitaux : l'avarice, la luxure, l'orgueil, la gourmandise, la colère, l'envie et la paresse. Utilisez cette liste pour compléter la légende des illustrations ci-contre.

6 – Péché originel : ....

....

....

....

....

....

....

....

....

....

7 – Soulignez dans le texte, les deux punitions que Dieu inflige (donne) aux Hébreux pour les punir de leur orgueil.

LE SCHÉMA DE COMMUNICATION

Lisez attentivement les deux définitions.

- **langage n. m.** : emploi d'un ensemble de mots pour communiquer avec d'autres hommes. Les humains peuvent se comprendre entre eux grâce au langage.
- **langue n.f.** : ensemble des mots et des règles qu'on utilise pour parler, comprendre ce qui est dit, écrire et lire.

À l'aide de ces deux définitions, complétez le texte à trous ci-contre en utilisant les mots proposés : • émetteur (2 fois) • récepteur • message • communiquer • phrases • grammaire • vocabulaire.

« La principale fonction de toute langue est de ....,

c'est-à-dire d'échanger des informations, des idées, des sentiments.

Toute situation de communication peut se résumer par le schéma

suivant : [   ] → [   ] → [   ]

Pour s'exprimer, la personne qui parle ou ...., dispose

de mots dont l'ensemble constitue le ....

appelé aussi lexique. Ces mots, combinés entre eux par des règles

fixées par la ...., permettent de construire

des .... »

DIEU APPELLE ABRAHAM

« Yahvé dit à Abram : "Quitte ton pays, ta parenté et la maison de ton père, pour le pays que je t'indiquerai. Je ferai de toi un grand peuple, je te bénirai, je magnifierai ton nom qui servira de bénédiction".

Abram partit, comme lui avait dit Yahvé; il quitta Harân ; il se mit en route pour le pays de Canaan et il y arriva. Ensuite, la parole de Yahvé lui fut adressée en songe : "Je suis Yahvé qui t'ai fait sortir d'Ur des Chaldéens, pour te donner ce pays en possession. Voici mon alliance avec toi : tu deviendras père d'une multitude de peuples. Et l'on ne t'appellera plus Abram, mais ton nom sera Abraham, car je te fais père d'une multitude de peuples. J'institue mon alliance entre moi et toi, et ta race après toi de génération en génération, une alliance perpétuelle, pour être ton Dieu et celui de ta race après toi. À toi et à ta race , je donnerai le pays où tu séjournes, tout le pays de Canaan, en possession à perpétuité, et je serai votre Dieu". »

D'après la Bible, Genèse 12.1-7, 15. 7, 17. 2-10.

VOCABULAIRE

1 - Quelle est l'étymologie du verbe bénir ?
2 - Quelle est l'étymologie du verbe maudire ?
3 - Définissez les verbes bénir et maudire.
4 - Relevez dans le texte un nom de la même famille que le verbe « bénirai ».
5 - Qu'appelle-t-on un descendant ?
6 - Relevez dans le texte un synonyme du mot descendant.
• Proposez un antonyme.

1 – ....

2 – ....

3 – Bénir : ....

....

Maudire : ....

....

4 – ....

5 – ....

6 – ....

• ....

COMPRÉHENSION DU TEXTE

1 - De quel ouvrage ce texte est-il extrait ?
2 - Qui est Yahvé?
3 - Quel est le nouveau nom que Yahvé donne à Abram ?
• Que symbolise-t-il ?
4 - De quel peuple Yahvé parle-t-il quand il dit « je ferai de toi un grand peuple » ?

1 – ....

2 – ....

3 – ....

• ....

....

....

4 – ....

CONJUGAISON : LE FUTUR

1- Soulignez en vert les verbes du texte conjugués au futur de l'indicatif. Entourez l'infinitif en bleu et la terminaison en rouge.

2- Recopiez les verbes du premier groupe conjugués au futur de l'indicatif. Entourez les « e » muets de la terminaison.

3- Quel est l'infinitif correspondant au futur « je serai » ?

• Conjuguez le verbe savoir à la première personne du singulier du futur de l'indicatif.

4- Quelle est l'intention de Yahvé quand il parle au futur ?

2 – ....

....

....

....

3 – ....

• ....

4 – ....

....

....

DU TEXTE À LA CARTOGRAPHIE

Le trajet d'Abraham

1- Situez sur la carte les mots soulignés dans le texte.

2- Coloriez le trajet d'Abraham.

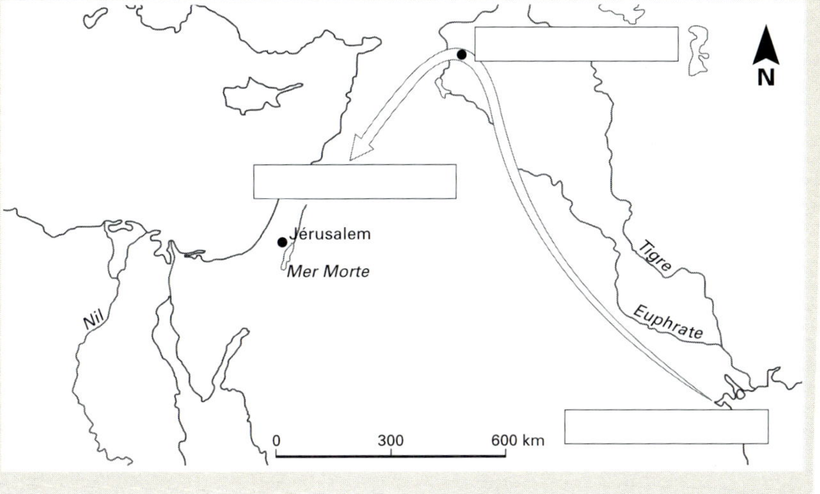

PRENEZ LA PLUME

Rédigez au choix l'un des sujets suivants.

SUJET 1 : Recherchez et relisez l'histoire de Noé. Fermez le livre. Utilisez vos propres mots pour raconter l'épisode du déluge.
Vous utiliserez obligatoirement les mots suivants : arche, inondation, colombe, rameau d'olivier, Yahvé, Noé.
Vous ne dépasserez pas une quinzaine de phrases.

SUJET 2 : Abraham arrive au pays de Canaan. Il est émerveillé. Imaginez le paysage qui s'offre à ses yeux.
Vous pouvez vous aider de vos connaissances sur le Croissant fertile.
Vous rédigerez votre description à l'imparfait en une dizaine de phrases.

MOÏSE

LA NAISSANCE DE MOÏSE

« PHARAON avait donné à tous ses sujets l'ordre suivant : "Tous les fils qui naîtront aux Hébreux, jetez-les au Fleuve."

Une femme israélite eut un fils. Voyant qu'il était beau elle le dissimula pendant trois mois puis constatant qu'elle ne pouvait le cacher plus longtemps, elle se procura une corbeille en papyrus, y plaça l'enfant et le déposa dans les roseaux près de la rive du Fleuve.

Or, la fille de Pharaon descendit au Fleuve pour s'y baigner. Elle vit la corbeille et l'enfant qui pleurait. Remplie de pitié, elle fit chercher une nourrice et lui dit : "Emmène ce petit et nourris-le." Quand il eut grandi, la fille de Pharaon reprit l'enfant qu'elle traita comme un fils. Elle lui donna le nom de Moïse, car, dit-elle : "Je l'ai sauvé des eaux." »

D'après la Bible, Exode, 1. 22 ; 2. 1-10.

1 – Dans quel pays se situe cet épisode ? Soulignez les mots du texte qui vous permettent de répondre.
2 – De quel fleuve le pharaon parle-t-il ?
3 – Que signifie le nom Moïse ?
4 – Quelle est la nationalité de Moïse ?

1 – ....

....

2 – ....

....

3 – ....

....

....

4 – ....

....

LA VOCATION DE MOÏSE : LE BUISSON ARDENT

« MOÏSE faisait paître les moutons. L'Ange de Yahvé se manifesta sous la forme d'une flamme de feu jaillissant du milieu d'un buisson. Moïse s'approcha et Yahvé lui dit : "C'est moi le Dieu de ton père, le Dieu d'Abraham. J'ai vu la misère de mon peuple qui réside en Égypte. Je suis résolu à le délivrer pour le faire aller à Canaan. Je t'envoie auprès de Pharaon pour faire sortir d'Égypte mon peuple, les enfants d'Israël." »

D'après la Bible, Exode, 3. 1-12.

1 – Soulignez dans le texte la phrase qui indique la mission de Moïse.
2 – Qui est le peuple de Yahvé ?

2 – ....

....

....

LE PASSAGE DE LA MER

Alors que Moïse, suivant les ordres de Yahvé, conduit les Hébreux hors d'Égypte, Pharaon regrette de les avoir laissés partir et, à la tête d'une forte armée, les poursuit. Les Hébreux sont devant la mer et craignent d'être acculés.

« LE SEIGNEUR dit à Moïse : "Lève ton bâton, étends la main vers la mer, fends-la et que les fils d'Israël pénètrent au milieu de la mer à pied sec. Je vais endurcir le cœur des Égyptiens pour qu'ils pénètrent derrière vous." Moïse étendit la main sur la mer et Yahvé refoula la mer toute la nuit par un vent d'est puissant et il la mit à sec. Les eaux se fendirent et les fils d'Israël pénétrèrent au milieu de la mer à pied sec, les eaux formant une muraille à leur droite et à leur gauche. Les Égyptiens les poursuivirent : tous les chevaux de Pharaon, ses chars et ses cavaliers s'engagèrent à leur suite dans le lit de la mer. Yahvé enraya les roues de leurs chars. Les Égyptiens s'écrièrent : "Fuyons devant les Israélites, car Yahvé combat pour eux contre nous."

Yahvé dit à Moïse : "Étends ta main sur la mer que les eaux refluent sur les Égyptiens, leurs chars et leurs cavaliers." Moïse étendit sa main sur le mer et la mer rentra dans son lit. Les eaux submergèrent toute l'armée de Pharaon. Pas un d'eux n'échappa. Les enfants d'Israël, eux, avaient marché dans le lit asséché. Ce jour-là, Yahvé délivra Israël des mains des Égyptiens et Israël vit les Égyptiens étendus sur la grève.
Le peuple craignit Yahvé. Il eut foi en lui et en Moïse, son serviteur. »

D'après la Bible, Exode, 14. 15-31.

A COMPRÉHENSION DU TEXTE

1- D'après la carte de votre manuel d'histoire de quelle mer s'agit-il ?

....

2- • Soulignez, en vert, dans le texte, les deux phrases qui résument le miracle que Yahvé réalise pour les Hébreux.
• Quelle est la conséquence du miracle pour l'armée égyptienne ? Soulignez, en rouge, la phrase qui la décrit.

3- Au nom de qui Moïse agit-il ?

....

B CONJUGAISON : l'expression de l'ordre

1- • Entourez dans le texte les verbes conjugués à l'impératif présent.
• Quelle est la valeur de l'impératif ?

....

2- Quelle remarque pouvez-vous faire sur la terminaison du verbe du premier groupe, « lève » à l'impératif présent ?

....

BIOGRAPHIE

Utilisez toutes les informations trouvées dans vos lectures pour compléter la biographie (vie) de Moïse.

« Prophète ...., Moïse serait né sous le règne du pharaon Ramsès II.

Élevé à la cour du pharaon, il fuit dans le désert pour échapper à une accusation d'assassinat. Là, ... lui apparaît sous l'aspect d'un .... ardent et lui ordonne de conduire les Hébreux hors d'Égypte pour les mener à ....

Moïse franchit la .... dont les eaux se sont ouvertes et reçoit les Tables de la loi ou Décalogue. Moïse est le constructeur de l'arche d'alliance, symbole de la présence de .... parmi le peuple hébreu, peuple choisi. »

LE DÉCALOGUE

Écrit sur des tables de pierre, les « Tables de la Loi », le Décalogue, transmis à Moïse, résume ce que Yahvé attend de son peuple.

« ÉCOUTE, Israël, les lois et les coutumes que je prononce à vos oreilles. Apprenez-les et gardez-les pour les mettre en pratique. Yahvé notre Dieu a conclu avec nous une alliance à l'Horeb. Ce n'est pas avec nos pères que Yahvé a conclu cette alliance mais avec nous, nous-mêmes qui sommes ici aujourd'hui tous vivants. Sur la montagne, au milieu du feu, Yahvé vous a parlé face à face, et moi, je me tenais alors entre Yahvé et vous pour vous faire connaître les paroles de Yahvé ; car, redoutant le feu, vous n'étiez pas montés sur la montagne. Il dit :

"Je suis Yahvé, ton Dieu qui t'ai fait sortir du pays d'Égypte, de la maison de servitude.

Tu n'auras pas d'autres dieux que moi.

Tu ne feras aucune image sculptée de rien qui ressemble à ce qui est dans les cieux là-haut, ou sur la terre ici-bas, ou dans les eaux au dessus de la terre. Tu ne te prosterneras pas devant ces images ni ne les serviras.

Tu ne prononceras pas le nom de Yahvé à faux.

Observe le jour du sabbat pour le sanctifier comme te l'a recommandé Yahvé ton Dieu. Pendant six jours, tu travailleras et tu feras tout ton ouvrage, mais le septième jour est un sabbat pour Yahvé ton Dieu.

Honore ton père et ta mère comme te l'a commandé Yahvé ton Dieu, afin d'avoir longue vie et bonheur sur la terre que Yahvé ton Dieu te donne.

Tu ne tueras pas.

Tu ne commettras pas d'adultère.

Tu ne commettras pas de rapt.

Tu ne porteras pas de faux témoignage contre ton prochain.

Tu ne convoiteras pas la femme de ton prochain ; tu ne désireras ni sa maison, ni son champ, ni son serviteur ou sa servante, ni son bœuf ou son âne : rien de ce qui est à lui."

Telles sont les paroles que vous adressa Yahvé quand vous étiez tous assemblés sur la montagne. Il vous parla du milieu du feu, dans la nuée et les ténèbres, d'une voix forte. Il n'y ajouta rien et les écrivit sur deux tables de pierre qu'il me donna. »

D'après la Bible, Deutéronome 5.1-22.

COMPRÉHENSION DU TEXTE

1 – Combien de commandements Yahvé donne-t-il aux Hébreux ?
• Quelles sont les deux racines qui composent le mot décalogue ? Précisez leur signification.

2 – La religion hébraïque est monothéiste. Définissez ce mot.
• Soulignez dans le texte le commandement qui exprime cette caractéristique.

3 – Relisez le quatrième commandement. Recherchez dans le dictionnaire ce que veut dire sabbat ? À quel jour de la semaine correspond-il ?

1 – ....

• ....

....

2 – Monothéiste : ....

....

....

3 – ....

....

....

4– De quel pays Yahvé a-t-il fait sortir son peuple ?

5– À quel personnage de la Bible Yahvé donne-t-il ses commandements ?

4 – ....

....

5 – ....

....

ÉVALUATION DIAGNOSTIQUE DE L'EXPRESSION DE L'ORDRE

A « HONORE TON PÈRE ET TA MÈRE ».

1– Quel est le type de cette phrase ?
• Quelle est l'intention du locuteur ?

2– À quel mode et à quel temps est conjugué le verbe « honore » ?
• Quelle remarque pouvez-vous faire sur la terminaison ?

1 – ....

• ....

....

2 – ....

• ....

B « TU NE TUERAS POINT »

1– Quel est le type de cette phrase ?
• Quelle est l'intention du locuteur ?

2– À quel mode et à quel temps est conjugué le verbe « tueras » ?

1 – ....

• ....

....

2 – ....

LES SUBSTITUTS DU GROUPE NOMINAL

1– Réécrivez, sur une copie, le premier paragraphe du texte, en remplaçant tous les noms Yahvé, sauf le premier, par un pronom ou un adjectif possessif.

2– « Je suis Yahvé, ton Dieu ». Quel est le nom apposé à Yahvé ?

3– À la lecture de ce premier paragraphe, quelle est l'une des caractéristiques de l'écriture de la Bible ?

On compte parmi les substituts du groupe nominal les pronoms, les adjectifs possessifs et les synonymes.

2 – ....

3 – ....

....

PRENEZ LA PLUME

Relisez le règlement intérieur de votre établissement. Reformulez, sur le modèle du Décalogue, dix devoirs du collégien. Utilisez les différentes expressions de l'ordre que vous avez apprises.

LE COMBAT DE DAVID ET GOLIATH

« Les Philistins avaient rassemblé leurs troupes pour la guerre et campaient d'un côté de la montagne. Le roi Saül et les Israélites se rangèrent en bataille de l'autre côté de la montagne face aux Philistins.

Un homme sortit des rangs philistins. Il s'appelait Goliath et était d'une taille immense. Il se campa devant les lignes israélites et leur cria : "Choisissez-vous un homme et qu'il descende vers moi ; s'il l'emporte en luttant avec moi et s'il me tue, alors nous serons vos serviteurs, si je l'emporte sur lui et si je le tue, alors vous deviendrez nos serviteurs. Donnez-moi un homme que nous nous mesurions en combat singulier !".

David dit à Saül : "Ton serviteur ira se battre contre ce Philistin. Yahvé qui m'a sauvé me donnera la victoire."

David prit son bâton en main, il se choisit dans le torrent cinq pierres puis, la fronde à la main, il marcha vers le Philistin qui lui dit : "Viens vers moi, que je donne ta chair aux oiseaux du ciel." Mais David répondit : "Moi je marche contre toi au nom de Yahvé." David mit la main dans son sac et en prit une pierre qu'il tira avec la fronde. Il atteignit le Philistin au front ; la pierre s'y enfonça et le Philistin tomba la face contre terre. Ainsi David triompha de Goliath. Les Philistins voyant que leur champion était mort, s'enfuirent. »

D'après la Bible, Samuel, 17. 1-51.

VOCABULAIRE

Nombre de points

1 – Le texte précise que Goliath était « d'une taille immense ». Quel nom pouvez-vous utiliser pour traduire cette caractéristique ? (1 point)

2 – Pourquoi le mot philistin s'écrit-il avec une majuscule dans la première phrase ? (1 point)
• Pourquoi commence-t-il par une minuscule dans la troisième phrase ? (1 point)

3 – Quels sont les deux noms qui peuvent servir à désigner les Israélites ? (2 points)

1 – ....

2 – ....

....

• ....

....

3 – ....

....

COMPRÉHENSION DU TEXTE

1 – De quel ouvrage ce texte est-il tiré ? (1 point)
• Rappelez sa définition. (2 points)

2 – Comment le Philistin s'appelle-t-il ? (1 point)
• Quel est le nom du roi des Israélites ? (1 point)

3 – Contre qui le Philistin se bat-il ? (1 point)
• Quel a été le vainqueur ? (1 point)
• Comment le vainqueur explique-t-il sa victoire ? (2 points)

1 – ....

• ....

....

2 – ....

• ....

3 – ....

• ....

• ....

GRAMMAIRE : L'EXPRESSION DE L'ORDRE

Nombre de points

1- « Choisissez-vous un homme et qu'il descende vers moi » Quel est le type de cette phrase ? (1 point)

• Quels sont le mode et le temps des deux verbes de cette phrase ? (2 points)

2- « Ton serviteur ira se battre contre ce Philistin. Yahvé qui m'a sauvé me donnera la victoire. » Quelle est la valeur du futur dans ces deux phrases ? (1 point)

• Quel est l'infinitif du verbe « ira » ? (1 point)

• Quelle autre valeur du futur avez-vous rencontrée dans les textes précédents ? (1 point)

1- ....

• ....

....

....

2- ....

....

• ....

• ....

....

....

D'ABRAHAM À SALOMON (20 points)

Utilisez vos connaissances pour compléter à l'aide des mots proposés, les textes ci-dessous : Mer Rouge, Canaan, Décalogue, Alliance, Moïse, Yahvé, David, Salomon, Abraham, Égypte.

La Bible raconte que vers -1850, ... ordonne à ...., patriarche, de quitter la région d'Ur en Chaldée située à l'extrême sud de la Mésopotamie pour le pays de ...., aujourd'hui Palestine. Il lui promet de bénir sa descendance (les Hébreux) et de lui donner ce territoire (la « Terre promise »); c'est l'.......... . Vers 1700 av. J.-C., les Hébreux partent pour l' Égypte où ils séjournent jusqu'au XIIIe siècle av. J.-C. Vers -1250, Yahvé ordonne à .... de fuir d'.......... où son peuple a été réduit en esclavage. C'est l'Exode. Ils passent la .... et errent environ 40 ans dans le désert. Là, Moïse reçoit de Yahvé le renouvellement de l'Alliance, les dix commandements ou .... et la promesse du retour à Canaan. Après de nombreux combats contre les Cananéens et les Philistins, les Hébreux finissent par reconquérir Canaan. Ils sont alors dirigés par des rois. Les plus célèbres sont Saül, fondateur du royaume d'Israël, ..., vainqueur dans sa jeunesse du Philistin Goliath et .... qui fit construire le temple de Jérusalem.

PRENEZ LA PLUME

Vous avez été témoin dans votre collège ou dans votre entourage d'une scène opposant un faible et un fort. Rappelez en les circonstances (Où ? Quand ? Qui ? Pourquoi ?). Êtes-vous intervenu ? Quelles impressions vous a laissé ce souvenir ?

RÉCITS DE LA BIBLE

LA CRÉATION DU MONDE

« AU COMMENCEMENT Dieu créa le ciel et la terre. Dieu dit : “Que la lumière soit”, et la lumière fut. Dieu appela la lumière “jour” et les ténèbres “nuit”. Il y eut un soir, il y eut un matin : premier jour.

Dieu dit : “Qu’il y ait un firmament au milieu des eaux.” Dieu fit le firmament et l’appela “ciel”. Il y eut un soir et il y eut un matin : deuxième jour.

Dieu dit : “Que les eaux qui sont sous le ciel s’amassent et qu’apparaisse le continent ; que la terre produise de la verdure, des herbes et des arbres”, il vit que cela était bon. Il y eut un soir et il y eut un matin : troisième jour.

Dieu dit : “Qu’il y ait des luminaires au ciel pour éclairer la terre, pour séparer la lumière et les ténèbres”, et Dieu vit que cela était bon. Il y eut un soir et il y eut un matin : quatrième jour.

Dieu dit : “Que les eaux grouillent d’êtres vivants et que des oiseaux volent au-dessus de la terre”. Il en fut ainsi, et Dieu vit que cela était bon. Il y eut un soir et il y eut un matin : cinquième jour.

Dieu dit : “Que la terre produise des êtres vivants selon leurs espèces : bestiaux, bestioles et bêtes sauvages.” Dieu dit aussi : “Faisons l’homme à notre image et qu’il domine sur les poissons, les oiseaux et les bestiaux.” Il en fut ainsi, et Dieu vit que cela était très bon. Il y eut un soir et il y eut un matin : sixième jour.

Ainsi furent achevés le ciel et la terre. Dieu, au septième jour se reposa. Il bénit ce septième jour. »

D’après la Genèse, 1 et 2.

LE PARADIS ET LA CRÉATION DE LA FEMME

« AU TEMPS où Yahvé Dieu fit la terre et le ciel, il planta un jardin en Éden à l’Orient. Il y fit pousser du sol toute espèce d’arbres séduisants à voir et bons à manger, l’arbre de vie au milieu du jardin et l’arbre de la connaissance du bien et du mal. Yahvé Dieu prit l’homme et l’établit dans le jardin d’Éden pour le cultiver et le garder. Yahvé Dieu fit à l’homme ce commandement : “Tu peux manger de tous les arbres du jardin. Mais de l’arbre de la connaissance du bien et du mal tu ne mangeras pas, car, le jour où tu en mangeras, tu mourras.”

Yahvé Dieu dit : “Il n’est pas bon que l’homme reste seul.” Alors Yahvé Dieu fit tomber un profond sommeil sur l’homme qui s’endormit. Il prit une de ses côtes et referma la chair. Puis de la côte qu’il avait tirée de l’homme il façonna une femme et l’amena à l’homme. »

D’après la Genèse, 2. 18-25.

L’ARCHE DE NOÉ

« YAHVÉ vit que la méchanceté de l’homme était grande sur la terre et il se dit : “Je vais effacer de la surface du sol les hommes que j’ai créés”. Mais Noé, un homme juste et intègre, avait trouvé grâce aux yeux de Yahvé.

Dieu dit à Noé : “La terre est pleine de violence à cause des hommes et je vais les faire disparaître de la terre. Fais-toi une arche en bois résineux. Je vais amener le déluge, les eaux sur la terre pour exterminer toute chair ayant souffle de vie. Mais j’établirai mon alliance avec toi et tu entreras dans l’arche, toi et tes fils, Sem, Cham et Japhet, ta femme et les femmes de tes fils avec toi. De tout ce qui vit, tu feras entrer dans l’arche deux de chaque espèce pour les garder en vie avec toi ; qu’il y ait un mâle et une femelle pour perpétuer la race sur toute la terre. Encore sept jours et je ferai pleuvoir sur la terre pendant quarante jours et

quarante nuits et j'effacerai du sol tous les êtres que j'ai faits". Tout ce que Dieu lui avait demandé, Noé le fit.
Quand arriva le déluge, Noé entra dans l'arche pour échapper aux eaux du déluge. Toutes les sources du grand abîme et les écluses du ciel s'ouvrirent. La pluie tomba sur la terre pendant quarante jours et quarante nuits. Les eaux grossirent et emmenèrent l'arche. Les eaux montèrent et tout ce qui était sur la terre ferme mourut. Il ne resta que Noé et ce qui était avec lui dans l'arche.

La crue des eaux sur la terre dura cent cinquante jours. Alors Dieu se souvint de Noé et de toutes les bêtes qui étaient avec lui dans l'arche. Il fit souffler un vent sur la terre et les eaux désenflèrent. Les sources de l'abîme et les écluses du ciel furent fermées. Les eaux se retirèrent peu à peu de la terre. Noé ouvrit la fenêtre de l'arche et lâcha la colombe pour voir si les eaux avait diminué à la surface du sol. Le soir, la colombe revint avec dans le bec un rameau tout frais d'olivier. Noé sut ainsi que les eaux avaient diminué de la surface de la terre. Il attendit encore sept jours et lâcha à nouveau la colombe qui ne revint plus. Noé comprit alors que la surface du sol était sèche.

Dieu parla alors à Noé ainsi : "Sors de l'arche, toi et ta femme, tes fils et les femmes de tes fils avec toi. Tous les animaux qui sont avec toi, fais-les sortir : qu'ils pullulent sur la terre, qu'ils soient féconds et se multiplient sur la terre " ».

D'après la Genèse, 6 à 8.

LE SACRIFICE D'ABRAHAM

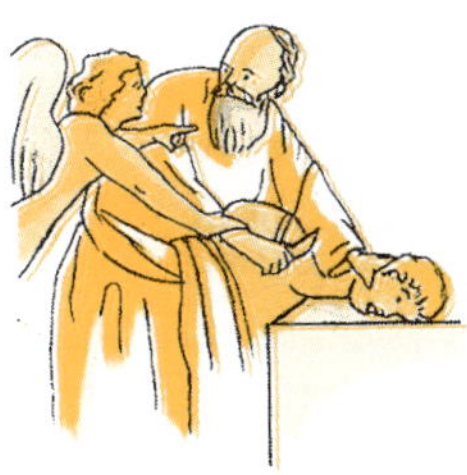

« DIEU mit Abraham à l'épreuve. Il lui dit : "Prends ton fils unique que tu aimes et offre-le en sacrifice".

Abraham se leva tôt, prit avec lui deux serviteurs et son fils, Isaac, puis il se mit en route. Le troisième jour, Abraham vit l'endroit que Dieu lui avait indiqué. Il dit à ses serviteurs : "Demeurez ici avec l'âne. Moi et l'enfant nous irons là-bas adorer Dieu".

Abraham et son fils partirent. Quand ils furent arrivés à l'endroit que Dieu lui avait indiqué, Abraham éleva l'autel, disposa le bois et saisit le couteau pour immoler son fils Isaac.

Mais l'ange de Yahvé l'appela du ciel et dit : "Abraham ! Abraham ! N'étends pas la main contre ton enfant ! Ne lui fais aucun mal ! Je sais maintenant que tu crains Dieu : tu ne lui as pas refusé ton fils unique". Abraham leva les yeux et vit un bélier qui s'était pris les cornes dans un buisson. Il alla le chercher et l'offrit en holocauste [1] à la place de son fils. »

D'après la Genèse, 22. 1-14.

[1] Holocauste : sacrifice.

LE JUGEMENT DE SALOMON

« DEUX femmes se présentèrent devant le roi. L'une dit : "Moi et cette femme, nous habitons la même maison et j'ai accouché alors qu'elle s'y trouvait. Or, trois jours après, cette femme accoucha à son tour. Nous étions ensemble, sans personne d'autre dans la maison ; il n'y avait que nous deux. Le fils de cette femme mourut une nuit parce qu'elle s'était couchée sur lui. Elle se leva au milieu de la nuit, prit mon fils qui était à côté de moi et le coucha contre elle ; et son fils mort, elle le coucha contre moi. Le jour venu, je le regardai attentivement mais ce n'était pas mon fils".

L'autre femme dit : "Non ! Mon fils, c'est le vivant, et ton fils, c'est le mort"; mais la première femme continuait à dire : "Non ! Ton fils, c'est le mort, et mon fils, c'est le vivant." Ainsi parlaient-elles devant le roi. Celui-ci dit : "L'une dit, Mon fils, c'est le vivant, et ton fils, c'est le mort ; et l'autre : Ton fils, c'est le mort, et mon fils, c'est le vivant. Apportez-moi une épée et que l'on coupe en deux l'enfant vivant pour en donner une moitié à l'une et une moitié à l'autre".

La femme dont le fils était vivant dit au roi : "Pardon, Monseigneur ! Donnez-lui le bébé vivant mais ne le tuez pas !" Tandis que l'autre disait : "Il ne sera ni à moi ni à toi ! Coupez !" Alors le roi prit la parole et dit : "Donnez à la première le bébé vivant, ne le tuez pas ; c'est elle qui est la mère".

Tout Israël entendit parler du jugement qu'avait rendu le roi et on le craignit, car on avait vu qu'il y avait en lui une sagesse divine pour rendre la justice. »

D'après le Premier Livre des Rois, 3. 16-28.

JEUX

1. MOTS CROISES

Retrouvez le mot juste à l'aide des définitions puis complétez la grille ci-dessous.

Horizontalement

I • Il a vaincu Goliath.
• Lieu où les juifs se réunissent aujourd'hui pour prier.
• Son arche est restée célèbre.

III • Ville sainte des Hébreux.
• Dispersion des juifs.

IV • Métal précieux utilisé lors de la construction du temple de Jérusalem.

V • Lieu où les Hébreux se réunissaient autrefois pour prier Dieu.
• Les dix commandements.

VII • Qui ne croit qu'à un seul Dieu.

VIII • Premier roi hébreu.

IX • Livre sacré des Hébreux.
• Donnée avec les dix commandements.

X • Aujourd'hui Palestine.

XI • Dieu des Hébreux.

XII • Mer qui s'est fendue devant les Hébreux.

XIII • Partie de la Bible hébraïque.
• Homme qui a conduit les Hébreux d'Ur à Canaan.

Verticalement

1 • Nom actuel des descendants des Hébreux.
• Jour de repos pour les juifs.

3 • Saül, David ou Salomon en sont.

4 • Région du sud de la Mésopotamie.

7 • Roi, il a fait construire le Temple de Jérusalem.

10 • Ancien nom des juifs.

11 • Il est l'un des peuples qui a envahi le royaume hébreu.

12 • Tour que les hommes voulaient bâtir jusqu'au ciel.

18 • Veut dire « sauvé des eaux ».

20 • Nom actuel de la région nommée autrefois Canaan.

JEUX

2. S'AMUSER AVEC LA BIBLE

QUELQUES EXPRESSIONS TIREES DE LA BIBLE

À l'aide d'un dictionnaire , recherchez le sens des expressions suivantes extraites de la Bible.

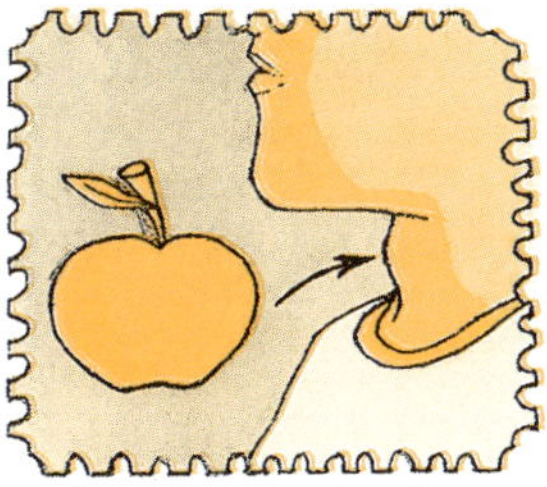

La pomme d'Adam

• ....

....

....

Une traversée du désert

• ....

....

....

Vieux comme Mathusalem

• ....

....

....

....

Arrête tes jérémiades

• ....

....

....

Pauvre comme Job

• ....

....

....

....

Pour aller

UN PEU PLUS LOIN...

Lectures

- *La Bible*

  Il en existe de multiples éditions : abrégées, illustrées... Faites votre choix.

- CONNOLY et RESTELLINI, ***La vie privée des hommes au temps des Hébreux,*** Paris, Hachette, 1984.

- TUBB (Jonathan), ***Terre de la Bible,*** Paris, 1991.

Film

- ***Les dix commandements***

  de Cecil B. De Mille

  avec Charlton Heston, Anne Baxter, Yul Brynner.

Affiche du film *Les dix commandements* de Cecil B. De Mille

PREMIER CONTACT AVEC LA GRÈCE ANTIQUE

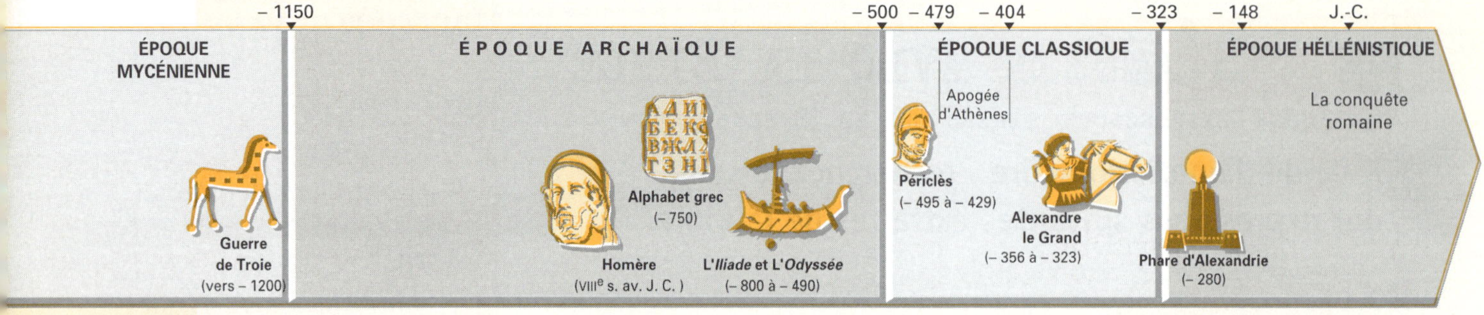

LA POMME DE DISCORDE

« UN DES ÉPISODES de la légende de Pâris, Troyen, fils cadet de Priam et d'Hécube, frère d'Hector, est le jugement.

Lorsque les dieux étaient assemblés pour les noces de Thétis et de Pelée, Eris, la Discorde, lança une pomme d'or au milieu d'eux, disant qu'elle devait être accordée à la plus belle des trois déesses : Athéna, Héra ou Aphrodite. Une contestation s'éleva ; personne ne voulut décider entre les trois divinités, et Zeus chargea Hermès de conduire Héra, Athéna et Aphrodite sur l'Ida, où Pâris jugerait le débat. L'une après l'autre, les trois déesses plaidèrent devant lui leur propre cause. Héra s'engagea à lui procurer l'Empire de l'Asie ; Athéna, elle, lui promit la sagesse et la victoire dans tous les combats ; Aphrodite se contenta de lui promettre l'amour d'Hélène de Sparte.

Pâris décida qu'Aphrodite était la plus belle. L'enlèvement d'Hélène, femme de Ménélas, roi de Sparte, provoqua la guerre de Troie. »

D'après Pierre Grimal, *Dictionnaire de la mythologie grecque et romaine*, Paris, 1969.

LES DIEUX GRECS

Aidez-vous de votre manuel d'histoire et d'un dictionnaire pour compléter les légendes.

- Nom : ....
- Fonction : ....
- Attribut : ....

- Nom : ....
- Fonction : ....
- Attribut : ....

- Nom : ....
- Fonction : ....
- Attribut : ....

- Nom : ....
- Fonction : ....
- Attribut : ....

- Nom : ....
- Fonction : ....
- Attribut : ....

LE GREC PARMI NOUS

1– Quelles sont les deux lettres grecques que vous retrouvez dans le mot « alphabet » ?
2– Quelle est la marque de montre dont le nom est une lettre grecque ?
3– La marque de voiture Lancia a désigné certaines de ses séries par une lettre grecque. Quelles sont ces lettres ?

1– ....
....
....

2– ....
....
....

3– ....
....
....
....

Alphabet grec

Majuscule	Minuscule	Nom
Α	α	alpha
Β	β ϐ	bêta
Γ	γ	gamma
Δ	δ	delta
Ε	ε	epsilon
Ζ	ζ	zêta
Η	η	êta
Θ	θ	thêta
Ι	ι	iota
Κ	κ	kappa
Λ	λ	lambda
Μ	μ	mu
Ν	ν	nu
Ξ	ξ	xi
Ο	ο	omicron
Π	π	pi
Ρ	ρ	rhô
Σ	σ ς	sigma
Τ	τ	tau
Υ	υ	upsilon
Φ	φ	phi
Χ	χ	khi
Ψ	ψ	psi
Ω	ω	oméga

LE CADRE SPATIAL

La Grèce au temps de l'*Iliade*

Complétez à l'aide de votre manuel d'histoire la carte ci-contre.

1– Matérialisez les mers par un liseré bleu.
2– Indiquez par des minuscules noires Troie, Delphes, Athènes, Thèbes, Sparte, Phocée, Millet et Cnossos.
3– Au fur et à mesure de la lecture des pages suivantes, coloriez en rouge le nom des héros grecs et en vert ceux des Troyens.
4– Complétez la légende.

☐ Héros troyen

☐ Héros grec

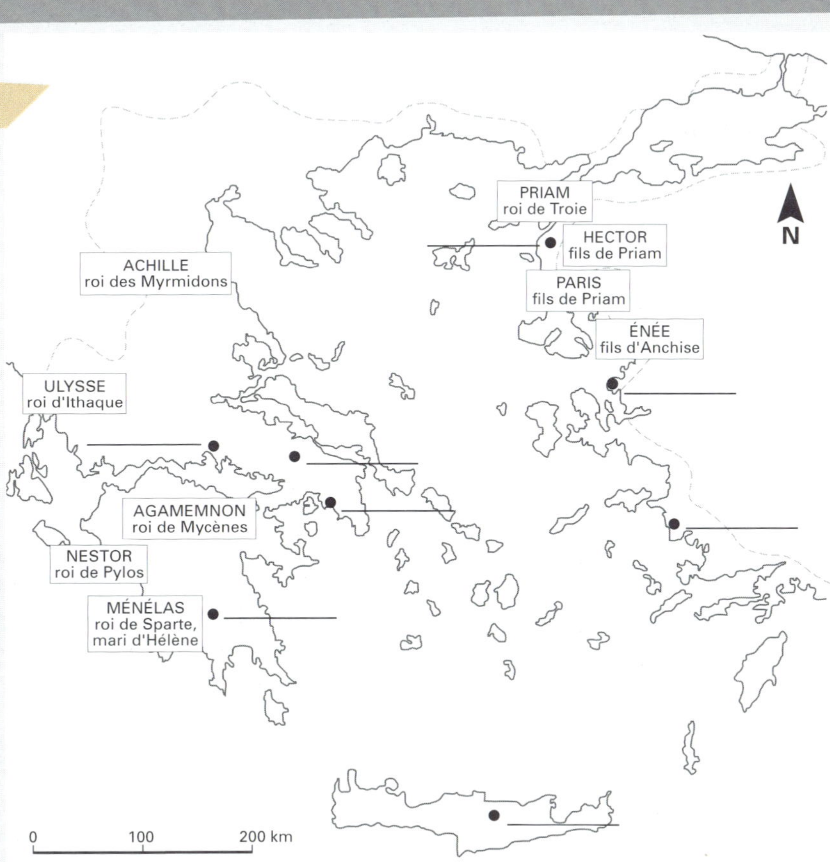

L'ÉPOPÉE HOMÉRIQUE

L'*Iliade* : quel type de source ?

« L'Iliade et l'*Odyssée* occupent une place à part dans la littérature en général. Ce sont les premières œuvres écrites qu'ait produites la Grèce. D'emblée, elles se sont imposées à l'admiration de tous. Leurs textes ont servi de base à l'éducation en Grèce.

Dans l'*Iliade*, Homère fait le récit de la guerre de Troie. Cette guerre de Troie, qu'était-elle donc ? À Troie, on a fouillé et trouvé des traces d'une ville détruite. Ce serait celle de l'*Iliade*. On a aussi trouvé dans les textes hittites et égyptiens la mention des Achéens (Grecs) comme d'une puissance active en Asie Mineure. Il est probable que ces Achéens ont voulu prendre et piller Troie, et ils l'ont fait. Mais cela ne veut pas dire que la vraie guerre de Troie ait eu dans ses causes ou son déroulement, quoi que ce soit qui pût correspondre au récit d'Homère : la légende d'où sortit l'épopée a dû se développer à partir d'un souvenir assez imprécis rappelant la gloire très réelle qui marqua les derniers temps de la puissance mycénienne. »

D'après Jacqueline de Romilly, *Homère*, P.U.F., 1992.

1 – Reliez chaque extrait à son type de source.
2 – Définissez les mots légende et épopée.

1 –

On a fouillé et trouvé les traces d'une ville détruite. ❑	❑ Source littéraire
On a aussi trouvé dans les textes hittites et égyptiens la mention des Achéens. ❑	❑ Source archéologique
Récit d'Homère. ❑	❑ Source historique

2 – Légende : ....

....

Épopée : ....

....

La guerre de Troie : de l'histoire à l'épopée

« Homère est un poète du VIIIe siècle avant J.-C., auteur de l'*Iliade* et de l'*Odyssée*. Ce poète vivait en Asie Mineure. La tradition le disait aveugle. C'est tout ce que l'on sait de lui. Mais déjà la date donne à réfléchir.

L'écart est en effet très grand entre la date du VIIIe siècle avant J.-C. et celle de la guerre de Troie, dont traite Homère. La guerre de Troie, elle, se place vers 1200 av. J.-C. Entre le sujet et le récit, quatre siècles se sont écoulés, des siècles particulièrement riches en rebondissements historiques : on les connaît mieux depuis les découvertes archéologiques qui se sont succédé à vive allure à partir du XIXe siècle. »

D'après Jacqueline de Romilly, *Homère*, P.U.F., 1992.

Utilisez cet extrait pour situer Homère et la guerre de Troie sur la frise ci-contre.

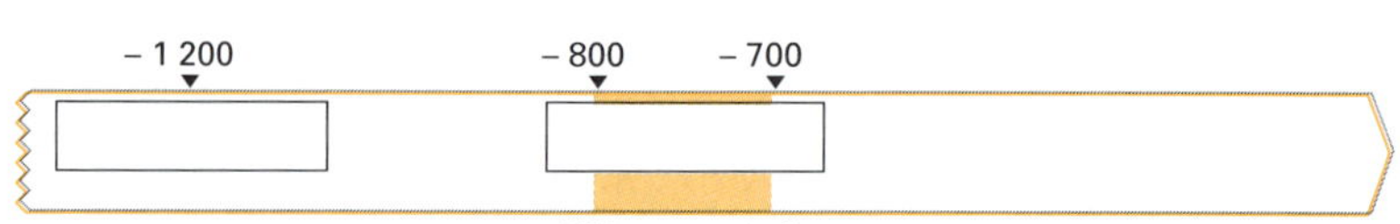

L'*Iliade* : une épopée

Les Troyens et les Grecs sont en guerre. Les Grecs font le siège de la ville de Troie. Dans le combat qui l'a opposé au Troyen Hector, le Grec Patrocle vient de trouver la mort. Achille, son fidèle compagnon, organise ses funérailles.

« LE ROI des Myrmidons, Achille, dit à ses belliqueux compagnons : "Avec chevaux et chars approchons-nous et pleurons Patrocle, car tel est l'honneur réservé aux morts". Et tous en rangs serrés, les Myrmidons se mirent à pleurer. Trois fois autour du mort, ils poussèrent leurs chevaux. Au milieu d'eux, Thétis, la mère d'Achille, encourageait leurs plaintes. Le fils de Pelée était le premier à donner cours et force à la lamentation : "Réjouis-toi, Patrocle, même dans la maison d'Hadès ! Car je vais sans tarder accomplir tout ce que je t'avais auparavant promis : Hector, traîné jusqu'ici, sera livré aux chiens pour être mangé cru, et douze fils de Troyens devant ton bûcher seront égorgés, dans la colère que me cause ton meurtre".

Les Myrmidons alors se dévêtirent chacun de leurs armes éclatantes de bronze, dételèrent leurs chevaux hennissants et par milliers s'assirent près du bateau d'Achille. Ils reçurent un repas funéraire très opulent. Nombre de taureaux blancs mugissaient, égorgés sous le fer ; nombre de moutons et de chèvres bêlantes ; et nombre de porcs grillaient au milieu des flammes d'Héphaïstos. Partout, autour du cadavre qui reposait sur son lit funéraire, le sang coulait à pleines coupes.

Puis Achille fit préparer le bûcher. Au faîte du bûcher, les proches du mort, le cœur plein de tristesse, placèrent le cadavre de Patrocle. Lorsque l'étoile du matin vint annoncer la lumière à la terre, l'étoile après laquelle l'Aurore au voile de safran se répand sur la mer, à ce moment le bûcher s'éteignit. Le Péléide dit alors à ses belliqueux compagnons : "Recueillons les ossements de Patrocle. Plaçons-les dans une urne d'or. Quant au tertre, je vous recommande de ne pas prendre la peine d'en élever un trop grand." »

D'après Homère, L'*Iliade*, chant XXIII.

A ACHILLE, HÉROS DE L'ILIADE

1– Le Grec Achille est le héros de l'*Iliade*. Cherchez le sens précis qu'a ce mot dans la civilisation grecque.

2– Soulignez dans le texte les périphrases qui servent à désigner Achille.

3– Pourquoi les compagnons d'Achille sont-ils qualifiés de belliqueux ?

1– Héros : ....

....

....

3– ....

....

....

B LES FUNÉRAILLES DE PATROCLE

Le texte est composé de trois paragraphes correspondant aux trois principales étapes des funérailles de Patrocle. Résumez chacune de ces étapes en une phrase nominale.

• 1re étape : ....

....

• 2e étape : ....

....

• 3e étape : ....

....

AVANT LE COMBAT

Achille décide de venger la mort de son ami Patrocle.

« TEL UN FAUCON aux ailes déployées, à la voix sonore, Athéna s'élance du haut du ciel dans les airs tandis que les Grecs sans retard s'arment dans le camp. Elle met dans la poitrine d'Achille le divin nectar et la divine ambroisie pour lui donner les forces nécessaires pour affronter le combat qui doit l'opposer à Hector. Puis elle rejoint la demeure de son père, Zeus le Tout Puissant. Voici que sortent des bateaux les casques qui luisent, l'éclat du bronze des boucliers bombés, les cuirasses et les piques de frêne. Les guerriers sortent en foule, aussi nombreux que les flocons serrés de la froide neige.

Au milieu d'eux, Achille s'arme. Ses yeux brillent de l'éclat de la flamme. Il a dans le cœur un intolérable chagrin. Plein de haine contre les Troyens, il revêt les présents que le dieu Héphaïstos a fabriqués pour lui : des jambières et des couvre-chevilles en argent ; sur sa poitrine une cuirasse ; son épée en bronze et son bouclier. Il prend ensuite et pose sur sa tête le casque puissant qui brille comme un astre. De son étui il tire la pique en bois de Pélion que le centaure Chiron a offerte à son père. Puis le fils de Pelée monte sur son char tiré par Xanthe son fidèle cheval.

La déesse aux bras blancs, Héra, vient à l'instant de donner à Xanthe, le cheval d'Achille, une voix humaine : "Oui, puissant Achille, nous te ramènerons. Mais le jour fatal est proche pour toi. C'est le dieu terrible et le destin qui sont la cause de ton prochain malheur". Les Erinyes font taire Xanthe. Achille aux pieds rapides se met violemment en colère : "Xanthe, pourquoi me viens-tu prédire la mort ? Ce n'est pas ton rôle. Je le sais bien sans toi : mon sort est de mourir ici, loin de mon père et de ma mère. Il n'importe : je combattrai les Troyens jusqu'à ma mort". Après avoir prononcé ces paroles, il s'élança vers le lieu du combat. »

D'après Homère, *L'Iliade*, chant XIX.

LES ACTEURS DE L'*ILIADE* : DIEUX ET HÉROS

1 – Contre qui Achille s'apprête-t-il à combattre ?
2 – Quelle est la déesse qui protège Achille ?
3 – Quels sont les autres dieux cités dans le texte ?
4 – Recherchez dans votre manuel d'histoire le nom de la demeure des dieux grecs.
5 – Expliquez le sens des mots nectar et ambroisie.
6 – Recherchez ce qu'on appelle « un talon d'Achille ».

1 = ...

2 = ...

3 = ...

4 = ...

5 = • Nectar : ....

....

• Ambroisie : ....

....

6 = ...

....

....

....

LE CHAMP LEXICAL DU DESTIN

1– Dans le dernier paragraphe, la déesse Héra donne au cheval d'Achille la parole pour lui annoncer son destin. Expliquez le sens du mot destin.

2– Soulignez dans le dernier paragraphe du texte, les cinq mots qui développent le champ lexical du destin.

3– Recherchez dans une encyclopédie qui sont les Parques.

4– Recherchez l'étymologie du mot fée. Comparez-la à celle de l'adjectif fatal.

5– Relisez le conte de Perrault intitulé *La Belle au bois dormant.* Quelle est la fonction des fées au début de ce conte ?

1– Destin : ....

....

3– Parques : ....

....

....

4– ....

....

....

5– ....

....

LES COMPARAISONS

1– À qui est comparée la déesse Athéna dans le premier paragraphe ?

2– À quoi est comparé le grand nombre des guerriers grecs dans ce même paragraphe ?

1– ....

....

2– ....

L'*ILIADE* : UNE ÉPOPÉE

Complétez à l'aide des mots proposés le texte ci-contre qui définit l'épopée homérique. Vérifiez si nécessaire le sens de ces mots dans le dictionnaire :
- légendes • guerre • magnifié • héros • amplifiés • destin.

L'*Iliade* est une épopée dont Achille est le .... On y raconte la .... qui opposa les Grecs et les Troyens pendant dix ans. Mais, au fil du temps, l'imagination a déformé ces faits historiques qui sont devenus des .... Dans les épopées, le héros guerrier est .... : ses exploits sont .... par des images. Le héros épique accepte son .... exceptionnel jusque dans la mort.

PRENEZ LA PLUME

Relisez attentivement les deux textes de l'*Iliade* que vous venez d'étudier. Tracez un portrait d'Achille en une dizaine de phrases.

Vous devrez réutiliser les mots de vocabulaire suivants : guerre de Troie, guerrier, grec, destin, talon d'Achille, héros, *Iliade*, Patrocle, Hector, vengeance.

LE CHEVAL DE TROIE

Ulysse est l'hôte d'Alcinoüs et de sa fille Nausicaa. Pendant le repas qui lui est offert, Ulysse entend un barde qui fait le récit de la ruse du cheval de Troie qui permit aux Grecs de pénétrer dans la ville après un siège de dix ans.

« LE FRONT dans la main, la gorge serrée par l'émotion, il écoute la voix sonore du barde :

– L'intrépide Ulysse est entré dans les flancs du cheval de bois. Autour de lui les guerriers se sont assis. Ils retiennent leur souffle et la main sur le glaive, ils attendent dans le silence et l'obscurité. Ils attendent. Les Troyens ont introduit le cheval dans la ville. Pauvres fous ! "Jetons ce cheval du haut des murailles !" dit l'un. "Perçons-le de nos glaives !" dit un autre.

Quelles sont alors les pensées d'Ulysse et des braves enfermés avec lui et frôlés par la mort ?

– Étranger, lui dit Alcinoüs en saisissant la main tremblante d'Ulysse, pourquoi ces larmes sur ton visage ?

– Roi, répond-il, je suis cet Ulysse qui ne craignit pas la mort sans gloire dans les flancs ténébreux d'une machine, lui, le guerrier ami des éclats de l'acier dans le soleil et des courses dans le libre espace. Je suis cet Ulysse qu'on connaît par ses stratagèmes mais aussi par sa fidèle amitié, par son dévouement à la patrie.

Des cris d'étonnement éclatent de toutes parts. Chacun se presse autour du héros :

– Je sentais que ce naufragé jeté nu sur mes rives s'apparentait aux immortels. Trois fois béni soit le jour où tu as franchi ce seuil et où ma Nausicaa t'a accueilli. Mais dis-nous quelle suite d'aventures funestes t'ont tenu si longtemps éloigné de ta patrie. Nous avons hâte de les entendre. »

D'après Homère, L'*Odyssée*, chant IV.

COMPRÉHENSION DU TEXTE

1- Expliquez les mots ci-contre.

2- De quoi se sont servis les Grecs pour pouvoir entrer dans la ville fortifiée de Troie ?

3- Qui sont les immortels dont parle Alcinoüs ?
• Pourquoi Ulysse est-il associé aux immortels ?

4- Soulignez en vert la phrase qui, dans le texte, indique qu'Ulysse est arrivé chez Alcinoüs en bateau.

1– • Intrépide : ....

....

• Stratagème : ....

....

• Naufragé : ....

....

• Funeste : ....

....

• Barde : ....

2– ....

3– ....

• ....

....

LE NOM ET SON EXPANSION

En lisant ce premier extrait de l'*Odyssée*, vous venez de faire connaissance avec le personnage d'Ulysse.

1– Dans chacune des phrases ci-contre, soulignez en rouge les mots ou groupes de mots qui permettent de préciser le portrait d'Ulysse.

2– Recopiez chacun de ces mots ou groupes de mots dans le tableau ci-contre.

1–

L'intrépide Ulysse est entré dans les flancs du cheval de bois.

Je suis Ulysse aux mille ruses.

Je suis Ulysse qu'on craignait pour ses stratagèmes.

Je suis Ulysse qui ne craignit pas la mort.

Je suis Ulysse, le guerrier.

2–

NOM

Adjectif qualificatif	Nom ou groupe nominal	Proposition subordonnée (relative)
....	....	....
....	....	....
....	....	....
....	....	....
....	....	....

LES ÉPITHÈTES HOMÉRIQUES

« Les épithètes homériques sont des expressions, toujours les mêmes, qui correspondent au caractère de l'homme. Hector est presque toujours appelé “Hector au casque étincelant”....
Cette habitude vient de la poésie orale et facilitait la mémorisation de ces textes. »

D'après Jacqueline de Romilly, *Homère*, P.U.F., 1992.

Reliez par une flèche le nom propre à l'épithète homérique qui convient.

Achille ❑	❑ aux doigts de rose
Ulysse ❑	❑ aux pieds légers
L'Aurore ❑	❑ aux mille ruses

PRENEZ LA PLUME

Ulysse, en grec *Odusseus*, est le héros de l'*Odyssée*.
Faites un portrait d'Ulysse en une dizaine de phrases. Réutilisez tous les mots soulignés dans le texte. Précisez ce portrait en utilisant au moins trois expansions du nom (adjectif qualificatif, nom ou proposition subordonnée relative).

LA TEMPÊTE

« Dix-sept jours il vogua : le dix-huitième enfin, les monts de Phéacie apparurent : la terre était tout près, bombant son bouclier sur la brume des mers. Or du pays des Noirs, remontait le Seigneur qui ébranle le sol. Du haut du mont Solyme, il découvrit le large : Ulysse lui apparut sur son radeau. La colère du dieu redoubla. Bien des épreuves attendaient encore Ulysse avant de pouvoir aborder sur sa terre d'Ithaque.

Poséidon, prenant son trident et rassemblant les nues, démontait la mer et des vents, de toutes directions, se déchaînaient en rafales ; sous la brume, il noyait le rivage et les flots ; la nuit tombait du ciel ; ensemble s'abattaient l'Euros et le Notos, et le Zéphyr hurlant, et le Borée qui naît dans l'azur et qui fait rouler la grande houle.

Un grand flot le frappa : choc terrible ! Le radeau capota : Ulysse tomba ; la barre échappa de ses mains, et la fureur des vents confondus en bourrasques, cassant le mât en deux, emporta voile et vergue au loin, en pleine mer. Lui-même demeura longtemps enseveli, sans pouvoir remonter sous l'assaut du grand flot et le poids des habits donnés par Calypso. Enfin, il émergea de la vague ; sa bouche rejetait l'âcre écume dont ruisselait sa tête. Mais, tout meurtri, il ne pensa qu'à son radeau : d'un élan dans les flots, il alla le reprendre, puis s'assit au milieu pour éviter la mort et laissa les grands flots l'entraîner çà et là au gré de leurs courants. Le Borée de l'automne emporte dans la plaine les chardons emmêlés en un dense paquet, c'est ainsi que les vents poussaient à l'aventure le radeau sur l'abîme ; et tantôt le Notos le jetait au Borée, tantôt c'était l'Euros qui cédait à la poursuite du Zéphyr. »

D'après Homère, L'*Odyssée*, chant V.

POSÉIDON : UN « OPPOSANT » DE TAILLE

1– Qui est le dieu Poséidon ? Quel est son attribut ?

2– Par quelle périphrase Poséidon est-il désigné ?

3– Quel sentiment de Poséidon la tempête traduit-elle ?

1– ....

....

2– ....

3– ....

LE TEXTE DESCRIPTIF

A LE CHAMP LEXICAL

1– Soulignez, dans le texte, en vert les mots qui appartiennent au champ lexical de la mer et de la navigation, en rouge ceux qui appartiennent au champ lexical des vents.

2– Définissez brièvement les mots ci-contre.

3– Soulignez en bleu, dans le dernier paragraphe, les mots qui appartiennent au champ lexical de la mort.

2– • Le large : ....

....

• Les flots : ....

....

• Le radeau : ....

....

• La houle : ....

....

B LES TEMPS DE LA DESCRIPTION

1– À quel temps sont conjugués les verbes qui, dans le deuxième paragraphe, décrivent la tempête ?

2– À quel temps sont conjugués les verbes qui, dans le troisième paragraphe, font le récit du combat d'Ulysse contre la tempête ?

1– ....

....

....

2– ....

....

....

C LA COMPARAISON

1– À quoi est comparé le radeau d'Ulysse abandonné aux vents ?

2– Quel est le mot de comparaison ?

3– Aux lignes 3 et 4 à quel objet la terre est-elle comparée ?

• Réécrivez la phrase en faisant apparaître le mot de comparaison « comme ».

1– ....

....

2– ....

3– ....

• ....

....

....

PRENEZ LA PLUME

Vous avez été témoin d'une tempête au bord de la mer ou vous en avez vu des images à la télévision.

Décrivez la tempête en réutilisant au moins cinq mots appartenant au champ lexical de la mer et une comparaison faisant apparaître la violence de la tempête.

LES AVENTURES D'ULYSSE (1)

Le cyclope Polyphème

Ulysse et ses compagnons poursuivent leur route et arrivent au pays des Cyclopes, ces géants munis d'un œil unique au milieu du front.

« ULYSSE remarque une grotte et, poussé par la curiosité, décide de l'explorer. Il part avec douze de ses compagnons et arrive rapidement à la caverne. Là, ils découvrent des fromages énormes, des vases de métal regorgeant de lait et de nombreux agnelets.

– Servons-nous et partons disent les compagnons d'Ulysse.

– Non ! Voyons qui est l'habitant de ces lieux.

Ulysse et ses compagnons s'installent, font du feu et attendent. Quelques minutes plus tard, la terre tremble et une ombre gigantesque se profile sur le sol. Polyphème, le Cyclope, est de retour chez lui. Un frisson de frayeur saisit les Grecs. Ils ont entendu parler des Cyclopes, fils de Poséidon, dieu de la mer. Poussant son troupeau devant lui, Polyphème entre dans la grotte qu'il referme à l'aide d'une énorme pierre. Soudain, il aperçoit les Grecs, terrorisés.

– Qui êtes-vous étrangers ?

– Nous sommes des guerriers revenant de Troie. Les dieux nous ont jetés sur la côte et...

– Nous, les Cyclopes, ne craignons pas les dieux ! Nous leur sommes supérieurs. Disant cela, Polyphème attrape deux des compagnons d'Ulysse leur fracasse la tête et les dévore. Rassasié, il se couche et s'endort.

Ulysse s'interroge alors : "Vais-je le tuer avec mon glaive ? Mais comment ensuite sortir de cette caverne ? La pierre d'entrée est si lourde que jamais nous ne pourrons la pousser... Je dois trouver un autre moyen..."

La nuit passe. L'aube se lève. Polyphème s'éveille. En guise de déjeuner il dévore deux autres compagnons d'Ulysse puis sort faire paître son troupeau. Le soir deux Grecs lui servent encore de dîner. Ulysse s'approche alors du Cyclope :

– Cyclope, accepterais-tu de ce délicieux vin ?

Le géant avale le breuvage d'un seul coup.

– Que c'est bon ! Donne-m'en encore. Comment t'appelles-tu ?

– Je me nomme Personne.

– Et bien Personne, moi aussi je vais te faire un cadeau ; je te mangerai le dernier, voici mon cadeau. Puis, ivre, le Cyclope s'allonge et s'endort.

Ulysse et ses compagnons se précipitent sur le pieu qu'ils avaient taillé en l'absence du géant. Il est mis dans le feu, chauffé au rouge et enfoncé dans l'œil du Cyclope. Polyphème pousse un hurlement qui se répercute au loin. Les Grecs se cachent au fond de la grotte tandis que d'autres Cyclopes, alertés par les cris de Polyphème, accourent.

– Que se passe-t-il ? demandent-ils du dehors. Qui t'attaque ?

– C'est Personne ! Personne !

– Personne ? C'est alors quelque mal qui te vient du grand Zeus, dieu du ciel et de la terre, gouverneur de l'Olympe. Nous ne pouvons rien. Invoque ton père Poséidon, notre roi. Sur ces mots, ils repartent.

Le lendemain, Polyphème ouvre la grotte et laisse sortir son troupeau. Craignant que les Grecs ne s'échappent, il laisse passer les bêtes une à une et leur caresse le dos. Mais, Ulysse et ses compagnons, rusés, se sont glissés sous les brebis et les béliers et non sur leur dos. Un à un, ils parviennent à quitter la caverne. Libres, ils atteignent le rivage, montent sur leur navire, hissent les voiles et, aussitôt, voguent vers le large. Ulysse ne peut s'empêcher de s'adresser au Cyclope. D'une voix railleuse, il dit :

– Cyclope, celui qui t'a privé de ton œil est Ulysse, le fils de Laërte, le vainqueur de Troie, le roi d'Ithaque.

Polyphème, fou de douleur et de rage, s'adresse alors à son père en ces termes :

– Ô Poséidon, s'il est vrai que je suis ton fils, fais que cet Ulysse ne rentre jamais au logis ou du moins, qu'il n'y parvienne qu'après de nombreux malheurs. »

D'après Homère, L'*Odyssée*, Chant IX.

1– De quel livre ce texte et les suivants, sont-ils extraits ?
• Quel est l'auteur de ce livre ? Que savez-vous de lui ?
2– Qui est Ulysse ?
3– Qu'est-ce qu'un Cyclope ?
4– Dans la grotte de quel Cyclope Ulysse entre-t-il ?
5– De quel dieu les Cyclopes sont-ils les fils ?
• Quels sont la fonction et l'attribut de ce dieu ?
6– De quel autre dieu le texte parle-t-il ? Cherchez aussi sa fonction et son attribut.
7– Quelles sont les deux ruses utilisées par Ulysse pour échapper au Cyclope ?
8– Soulignez dans le texte la phrase qui exprime la manière dont Polyphème sera vengé.

1– ....

• ....

....

2– ....

....

3– ....

....

4– ....

5– ....

• ....

6– ....

....

7– ....

....

....

L'outre d'Éole

Ulysse et ses compagnons arrivent jusqu'à l'île d'Éole, le maître des vents.

« Éole accueille Ulysse chaleureusement.
– Raconte-moi la guerre de Troie. Pendant ce temps ton équipage se reposera.

Les Grecs passent un mois sur l'île du dieu des vents. Au moment du départ, Éole accompagne Ulysse jusqu'à son bateau. Il lui donne un gros sac de cuir.
– J'ai enfermé tous les vents dans cette outre. Tous, sauf la brise favorable qui vous conduira à Ithaque. Prends garde à ce que nul ne l'ouvre !

Pendant neuf jours et neuf nuits, Ulysse et ses compagnons naviguent. Ulysse garde les yeux rivés sur l'outre. Enfin, les rives d'Ithaque sont en vue. Rassuré, Ulysse s'endort. Ses compagnons s'assemblent :
– Nous avons toujours tout partagé et voilà qu'Ulysse garde pour lui seul le cadeau d'Éole ! Que peut contenir ce gros sac ? De l'or ? De l'argent ? Vite profitons de son sommeil pour l'ouvrir.

Aussitôt, le sac est délié. Tous les vents s'en échappent. La rafale entraîne les vaisseaux et les ramène au large. L'équipage, en pleurs, voit s'éloigner Ithaque. »

D'après Homère, L'*Odyssée*, Chant X.

1– Qui est Éole ?
2– Quel cadeau Éole fait-il à Ulysse ?
3– Pourquoi Ulysse ne parvient-il pas à regagner son royaume d'Ithaque ?

1– ....

2– ....

3– ....

....

LES AVENTURES D'ULYSSE (2)

Circé

Ulysse et ses compagnons abordent l'île de la magicienne Circé.

« La moitié de l'équipage, sous la direction d'Euryloque, le beau-frère d'Ulysse, part explorer l'île. Une femme merveilleuse apparaît. Circé, la magicienne, offre à boire aux hommes. Méfiant, Euryloque reste caché. Horrifié, il voit ses compagnons boire le breuvage et se transformer en cochons.

De retour près d'Ulysse, il lui raconte la scène.

– Vite, allons les délivrer !

– Non ! Ils sont perdus ! Partons au plus vite !

Mais, sans écouter Euryloque, Ulysse s'éloigne, décidé à venir en aide à ses compagnons. Hermès, dieu des voyageurs, vient à sa rencontre :

– Prends cette herbe. Elle te permettra d'anéantir les effets de la drogue de Circé.

En effet, Ulysse boit le breuvage de Circé mais celle-ci ne parvient pas à le transformer en cochon. Conquise, elle devient l'alliée d'Ulysse. À sa demande, elle délivre ses compagnons en les frottant d'une potion magique : ils redeviennent des hommes et paraissent même plus beaux et plus jeunes qu'avant. »

D'après Homère, L'*Odyssée*, Chant X.

1– Quel est le dieu rencontré par Ulysse ? Recherchez sa fonction et son attribut.

2– En quel animal les compagnons d'Ulysse sont-ils métamorphosés ?

1– ....

....

2– ....

Les sirènes

Ulysse et ses compagnons repartent.

« Sur le pont du navire, Ulysse malaxe un gros pain de cire.

– Nous allons passer près de l'île des Sirènes, ces femmes au corps d'oiseau, dit-il. Leur chant est irrésistible. Elles précipitent les marins sur les récifs. Bouchez-vous les oreilles avec cette cire. Attachez-moi au mât.

Ulysse veut en effet entendre le divin chant de Sirènes. Le bateau avance avec rapidité lorsque les Sirènes appellent le Grec :

– Viens, Ulysse, viens à nous. Amène ton bateau sur notre île.

Le chant qui s'est élevé dans l'air envoûte Ulysse. Il crie des ordres, fait des signes désespérés à son équipage qui l'ignore. Le bateau s'éloigne et ce n'est qu'une fois le danger largement écarté, qu'Ulysse est délivré. »

D'après Homère, L'*Odyssée*, Chant XII.

1– Soulignez le groupe nominal qui décrit les Sirènes.

2– Par quelle ruse Ulysse échappe-t-il au charme des Sirènes ?

2– ....

....

....

Ulysse de retour à Ithaque

Après de nouveaux malheurs, Ulysse est le seul survivant. Il arrive à Ithaque où la déesse Athéna l'aide à préparer un plan pour se débarrasser des prétendants. Déguisé en mendiant, il va dans son palais. Nul ne le reconnaît, pas même sa fidèle épouse, Pénélope. Les prétendants se moquent d'Ulysse. Mais Pénélope, inspirée par Athéna, propose une épreuve.

« – ÉCOUTEZ fougueux prétendants. Vous connaissez l'épreuve de l'arc : douze haches, plantées et alignées. Celui qui parviendra à tendre l'arc d'Ulysse et à envoyer une flèche dans les douze haches, c'est lui que je suivrai et que j'épouserai.

Un à un, les prétendants tentent l'épreuve décisive. Mais nul ne parvient à tendre l'arc.

Ulysse, toujours déguisé en mendiant, s'avance alors :

– Et moi, nobles seigneurs, puis-je essayer ?

Certains s'indignent de la demande du mendiant. La plupart rient et se moquent. Soudain, le silence se fait. Ulysse tend l'arc sans effort. La flèche vole droit au travers des douze haches. Ulysse rejette ses haillons.

– Voyez ! C'est Ulysse !

Le roi d'Ithaque ne laisse pas le temps à ses ennemis de se ressaisir. Une flèche traverse la gorge du chef des prétendants. Une autre abat son voisin. La vengeance est rapide, implacable. Puis Ulysse retrouve la belle Pénélope. »

D'après Homère, L'*Odyssée*, Chant XXI à XXIII.

1- Quelle est la déesse qui aide Ulysse ? Précisez sa fonction et son attribut.

2- Sous quel déguisement Ulysse entre-t-il dans son palais ?

3- Quelle épreuve remporte-t-il ?

1- ....

....

....

2- ....

3- ....

....

Les aventures d'Ulysse

À l'aide des textes que vous venez de lire, complétez la légende des illustrations de la carte ci-contre.

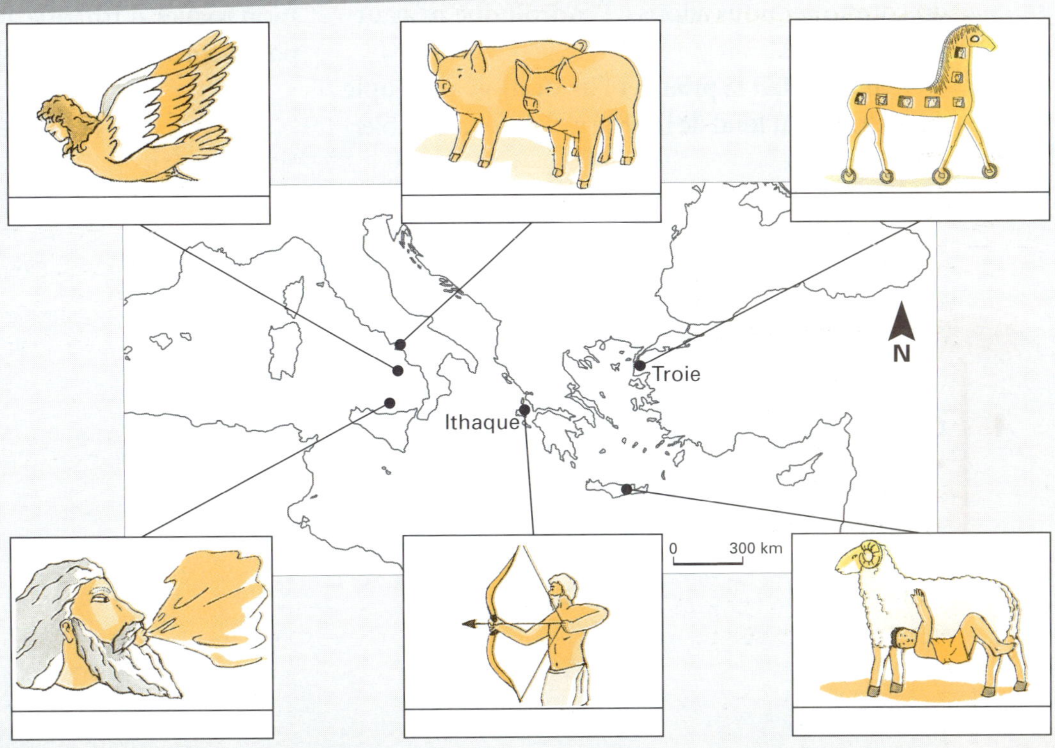

ULYSSE AU ROYAUME DES MORTS

Circé indique à Ulysse le chemin qui doit le conduire à la porte du Royaume des Morts.

« – PARS, dit-elle, et, dressant le mât, déploie les blanches voiles ! Puis assis, laisse faire au souffle du Borée qui vous emportera. Ton vaisseau va d'abord traverser l'Océan. Quand vous aurez atteint le bois de Perséphone, échouez le vaisseau. Mais toi prends ton chemin vers la maison d'Hadès : à travers le marais avance jusqu'au lieu où l'Achéron reçoit le Pyriphlégéthon et les eaux qui, du Styx, tombent dans le Cocyte.

À peine avait-elle fini de parler que l'Aurore parut sur son trône doré. À travers le manoir, je réveille mes gens et leur tiens ce discours :
– C'est au logis sans doute, au pays de vos pères que vous comptez rentrer... Mais Circé nous assigne un tout autre voyage chez Hadès et chez la terrible Perséphone, pour demander conseil à l'ombre du divin Tirésias.

J'avais à peine dit que leur cœur éclatait : les voilà sanglotant, s'arrachant les cheveux. Nous partons tristement, versant des flots de larmes. Tout le jour nous courons sur la mer, voiles pleines. Le soleil se couchait, et c'était l'heure où l'ombre emplit toutes les rues, lorsque nous atteignons la passe et les courants profonds de l'Océan. Nous tirons le vaisseau sur le bord du courant et nous allons à l'endroit que m'avait indiqué Circé.

Quand j'ai fait la prière et l'invocation au peuple des défunts, du fond de l'Erèbe je vois se rassembler les ombres des défunts qui dorment dans la mort : femmes et jeunes gens, vieillards chargés d'épreuves, guerriers tombés en foule sous le bronze des lances. L'ombre de Tirésias survient et m'adresse la parole :
– Pourquoi donc, malheureux, abandonner ainsi la clarté du soleil et venir voir les morts en ce lieu sans douceur ? C'est le retour plus doux que le miel, noble Ulysse, que tu veux obtenir. Mais un dieu doit encore te le rendre pénible : car jamais l'ébranleur du monde, je le crains, n'oubliera sa rancune : il te hait pour avoir aveuglé son enfant... Et pourtant il se peut qu'à travers tous les maux vous arriviez au but de votre voyage, si tu sais consentir à maîtriser ton cœur et celui de tes gens.

Puis survint l'ombre d'Achille et celle de Patrocle. L'ombre d'Achille aux pieds légers me reconnut et, parmi les sanglots, me dit ces mots ailés :
– Tu veux donc, malheureux, surpasser tes exploits ! Mais comment osas-tu descendre dans l'Hadès, au séjour des défunts fantômes ?
– Fils de Pelée, Achille, ô toi le plus vaillant de tous les Grecs, c'est pour Tirésias que tu me vois ici : je voulais qu'il m'apprît le moyen de rentrer à mon rocher d'Ithaque, car je n'ai pas encore mis pied sur ma terre. »

D'après Homère, L'*Odyssée*, chant XI.

ÉVALUATION

Nombre de points

1– Qui est Circé ? (1 point)
• Qu'a-t-elle fait subir aux compagnons d'Ulysse ? (2 points)

1– ....

....

• ....

....

Nombre de points

2- Sur quelle île Ulysse souhaite-t-il se rendre ? Pourquoi ? (2 points)

3- Dites à quel épisode déjà étudié, la phrase suivante fait allusion : « car jamais l'ébranleur du monde, je le crains n'oubliera sa rancune : il te hait pour avoir aveuglé son enfant ». (1 point)

- Quel est le dieu désigné par la périphrase « l'ébranleur du monde » ? (1 point)
- Quel est le fils de ce dieu aveuglé par Ulysse ? (1 point)

4- Qui sont le dieu et la déesse des Enfers ? (1 point)

- Quels sont les quatre fleuves des Enfers ? (2 points)
- Sous quelle apparence Tirésias se présente-t-il à Ulysse au Royaume des Morts ? (1 point)
- « Les ombres des défunts qui dorment dans la mort » : quelles sont, dans cette phrase, les deux expansions du nom ombre ? (2 points)

5- Tirésias annonce-t-il à Ulysse un destin heureux ou malheureux ? Justifiez votre réponse. (1 point)

6- Quel autre héros Ulysse rencontre-t-il aux Enfers ? (1 point)

- Dans quel livre avez-vous lu ses exploits ? (1 point)
- Quelle est l'épithète homérique attachée à son nom ? (1 point)
- Par quelle périphrase est-il désigné dans ce texte ? (1 point)
- Expliquez cette périphrase. (1 point)

2- ....

....

....

3- ....

....

....

• ....

• ....

4- ....

• ....

....

• ....

....

• ....

....

....

5- ....

....

....

....

6- ....

• ....

• ....

• ....

....

• ....

....

....

....

LES DOUZE TRAVAUX D'HÉRACLÈS

Avant de lire le texte ci-dessous, recherchez la définition du mot mythologie.

• Mythologie : ....

....

Héraclès, Hercule chez les Romains, est le fils de Zeus et de la mortelle Alcmène.
À sa naissance, Héra, la femme de Zeus, jalouse, envoie dans le berceau de l'enfant deux horribles serpents. Mais, de ses petites mains, Héraclès étouffe les monstres.

Ses forces extraordinaires grandissent avec lui et un jour, dans une crise de folie, il tue sa femme. Il est alors condamné à se mettre au service du roi Eurysthée, puissant et cruel. Celui-ci lui impose les travaux les plus rudes.

C'est ainsi que le héros maîtrise le lion de Némée, fauve invincible qui dévastait l'Argolide, région de la Grèce située au nord-est du Péloponnèse. Héraclès, ne parvenant pas à le tuer de ses flèches, est contraint de se battre en corps à corps avec la bête féroce.
La lutte est terrible. Après quelques instants, le lion gît. Héraclès dépèce l'animal et se revêt de sa peau.

Cette première prouesse est suivie de nombreuses autres. Il décapite l'hydre de Lerne, monstre aux multiples têtes. Il capture le sanglier d'Erymanthe et la biche aux pieds d'airain. Il extermine les oiseaux du lac Stymphale qui dévoraient les hommes. Grâce aux cymbales d'Athéna, il effraye les oiseaux qui s'envolent se mettant à la merci de ses flèches. Il s'empare du taureau blanc qui épouvantait les rives de la Crète. Il ramène à Eurysthée les fabuleuses juments de Diomède dont les naseaux soufflent des flammes.

Héraclès poursuit ses exploits. Il s'empare de la ceinture de la reine des Amazones. Ces femmes guerrières formaient une peuplade redoutée. Vêtues de peaux de bêtes, excellentes cavalières, elles tuaient les enfants mâles, réservant aux filles la plus grande attention. Héraclès, pour s'emparer de la ceinture de leur reine, doit les combattre. La guerre est terrible mais il est vainqueur.

Toujours plus exigeant, Eurysthée l'enjoint alors de nettoyer les écuries d'Augias. Ce roi avait un immense troupeau et depuis de nombreuses années le fumier s'entassait. La puanteur était terrible. Héraclès détourne le cours d'un torrent ; les eaux balaient le fumier et le drainent jusqu'à la mer. Les écuries d'Augias sont propres, l'air purifié.

Héraclès part ensuite s'emparer du troupeau du géant Géryon. Ce dernier vivait aux confins du monde connu, en Espagne. Longeant les côtes d'Afrique, Héraclès arrive au détroit qui sépare l'Afrique de l'Europe. Là, afin de rappeler son passage, il élève deux monolithes, un sur chaque rive. C'est pour cette raison que les Anciens appelaient le détroit de Gibraltar les "colonnes d'Hercule". Arrivé au royaume de Géryon, Héraclès anéantit les gardiens du troupeau : un chien à deux têtes et un dragon à sept gueules. Il assomme Géryon. Devenu maître du troupeau, il le ramène en Grèce.

Eurysthée charge ensuite Héraclès de trouver et de rapporter les pommes d'or du jardin des Hespérides. Il découvre qu'elles se trouvent en Mauritanie, dans le royaume d'Atlas, géant condamné par Zeus à supporter sur ses épaules le poids de la voûte céleste. Atlas, désireux de se reposer, lui demande de porter la voûte céleste le temps d'aller cueillir dans le jardin des Hespérides les pommes convoitées. Héraclès accepte. À son retour, Atlas se propose de porter lui-même à Eurysthée les pommes. Mais Héraclès ne l'entend pas ainsi ; il rend à Atlas son lourd fardeau et retourne en Grèce avec son précieux butin.
Enfin, Eurysthée, cherchant à se débarrasser d'Héraclès, le condamne à capturer Cerbère, l'horrible chien à trois têtes qui garde les portes des Enfers. Pour accéder au Royaume des Morts, Héraclès doit obtenir la permission du dieu Hadès. Hermès, le messager des dieux, lui rapporte l'autorisation. Néanmoins, il devra être sans arme. Héraclès part, recouvert uniquement de la peau du lion de Némée. Sans arme, il aborde Cerbère. Avec courage, il affronte l'animal. Malgré les morsures, il parvient à saisir l'unique cou de l'animal et le serre jusqu'à l'étouffer. Vaincu, Cerbère est ligoté et présenté à Eurysthée qui le renvoie à ses fonctions.

Héraclès a expié sa faute. Il retrouve sa liberté. Après sa mort, les dieux l'accueillent sur l'Olympe où il devient le gardien des Portes du ciel.

1– Qui est Héraclès ?
2– Sous quel autre nom est-il connu chez les Romains ?
3– Pourquoi la déesse Héra le poursuit-elle de son inimitié ?
4– Pourquoi Héraclès est-il condamné à effectuer tous ces travaux ?
5– Relevez le nom des dieux évoqués dans les travaux d'Héraclès. Pour chacun d'entre eux, précisez sa fonction et son attribut.

1– ....

....

2– ....

3– ....

....

4– ....

....

5–

• ....
• ....
• ....

• ....
• ....
• ....

• ....
• ....
• ....

• ....
• ....
• ....

• ....
• ....
• ....

6– Qu'est-ce que l'Olympe ?
7– Aidez-vous du texte pour identifier les différents travaux d'Hercule. Mettez la légende qui convient sous chaque dessin.

6– ....

....

7–

• ....

• ....

• ....

• ....

• ....

• ....

L'UNITÉ GRECQUE

Le monde de la Grèce antique est un peuple éparpillé sur les bords de la mer Méditerranée et éclaté en petites cités c'est-à-dire en États indépendants. Néanmoins les Grecs sont unis par une culture commune : ils parlent le grec, connaissent les mêmes légendes et adorent les mêmes dieux.

• Rappelez la définition de mythologie (2 points).

Nombre de points

• Mythologie : ....

....

....

LES POÈMES HOMÉRIQUES (8 points)

Utilisez les textes étudiés pour compléter le résumé ci-dessous.

Poète épique grec, ... aurait vécu au VIIIe siècle. La tradition raconte que devenu vieux, aveugle et pauvre, il errait de ville en ville en chantant ses poèmes. L'................ et l'........................... sont ses œuvres les plus connues.

L'................ est une épopée guerrière. Elle a pour sujet la colère d' .... à la fin du siège de .... Furieux contre Agamemnon, chef des Grecs qui lui a enlevé sa captive, Briséis, Achille se retire sous sa tente et refuse de combattre. Mais son meilleur ami, ... ,est tué par le plus illustre des héros troyens, ... Dès lors, Achille, protégé par de nouvelles armes forgées par ...., reprend le combat afin de venger son ami. Il tue Hector.

L'*Odyssée* raconte le retour d'............................ dans son royaume d' .... Il subit de nombreuses mésaventures : après avoir rencontré le Cyclope ...., son équipage est transformé en cochons par la magicienne .... Il parvient à entendre le chant des .... mais perd ses marins sur l'île du soleil. Enfin, il peut rentrer dans son île où sa fidèle épouse, ..., s'efforce de déjouer les instances des prétendants qui cherchent à obtenir sa main.

Achille et Ulysse sont des demi-dieux, des .... Ils ne sont pas immortels et acceptent leur destin.

Nombre de points

QUELQUES HÉROS GRECS (5 points)

Au fil de vos lectures, vous avez retenu le nom des principaux héros grecs. Rappelez en une phrase qui est chacun d'entre eux.

- Ulysse : ....

....

- Achille : ....

....

- Héraclès : ....

....

- Patrocle : ....

....

____

LES DIEUX GRECS (5 points)

1– La religion grecque adore plusieurs dieux. De quel type de religion s'agit-il ?

2– À l'aide de vos connaissances, complétez le schéma ci-dessous.

1– ....

....

2–

.... gouverne le ciel et la terre

.................., femme de Zeus, déesse du mariage

Arès, dieu de la guerre

.............., dieu des volcans et de la forge

Arthémis, déesse de la nuit, patronne des chasseurs

.... marié à Perséphone et maître des enfers

La demeure des dieux grecs :

.............., dieu de la mer, il est entouré de tritons, de sirènes et de néréïdes

.... protectrice d'Athènes à qui elle a donné l'olivier

Aphrodite, née des flots, déesse de la beauté

Déméter, sœur de Zeus, déesse de la fertilité et de la moisson

Apollon, dieu du soleil et de l'intelligence, protecteur de la poésie et de la musique

................., messager de Zeus et protecteur des voyageurs

____

JEUX

1. QUI SUIS-JE ?

Identifiez chaque personnage. Puis placez sur la carte les lieux à l'aide de leur numéro.

A. Célèbre pour mes aventures, je suis l'auteur de la ruse de Troie ; mon nom est ....

B. Fils de Zeus et Alcmène, connu pour mes exploits, j'ai, entre autres, tué le lion de Némée qui dévastait le Péloponnèse ; je suis ....

C. Femme d'Ulysse, je trompe mon attente en défaisant chaque nuit ma tapisserie, je suis ....

D. Reconnaissable par mon casque et ma branche d'olivier, j'ai donné mon nom à Athènes, je suis ....

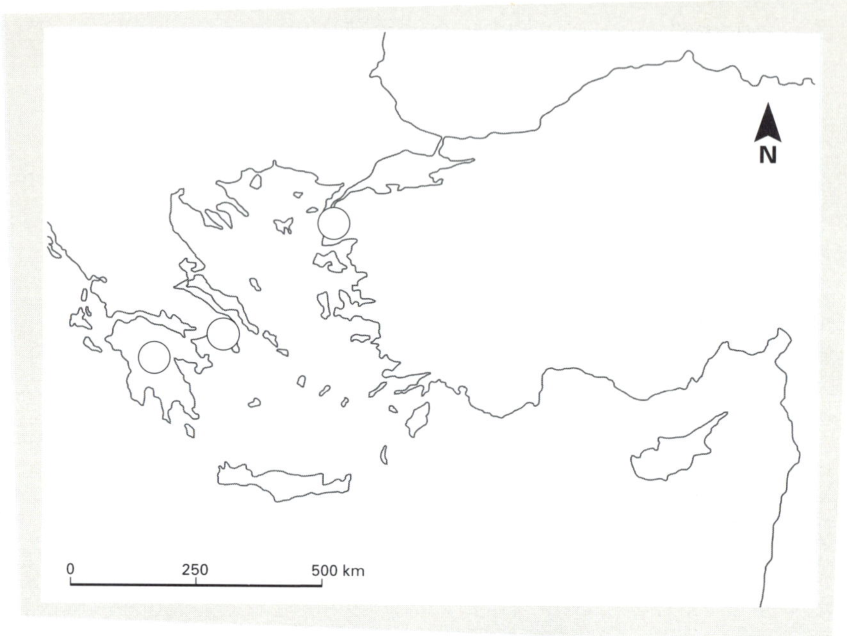

1 Troie   2 Péloponnèse   3 Athènes

2. FAITES LE BON CHOIX

Cochez l'explication correspondant à l'expression.

1. « Une voix de sirène »
   - ☐ Une voix mélodieuse qui charme.
   - ☐ Une voix forte de stentor.

2. « Un talon d'Achille »
   - ☐ Un point faible.
   - ☐ Une entorse à la cheville.

3. « Être fort comme Hercule »
   - ☐ Avoir une force extraordinaire.
   - ☐ Être doué en calcul.

4. « Tomber de Charibde en Sylla »
   - ☐ Tomber de mal en pis.
   - ☐ Tomber dans l'eau.

5. « Un cheval de Troie »
   - ☐ Un cheval de course.
   - ☐ Une ruse.

6. « Nettoyer les écuries d'Augias »
   - ☐ Effectuer un travail difficile et répugnant.
   - ☐ S'occuper de chevaux.

7. « Franchir les colonnes d'Hercule »
   - ☐ Descendre aux Enfers.
   - ☐ Passer le détroit de Gibraltar.

8. « Un dédale »
   - ☐ Un labyrinthe.
   - ☐ Un taureau.

9. « Un cerbère »
   - ☐ Un serpent à plusieurs têtes.
   - ☐ Un gardien particulièrement féroce.

JEUX

3. ENIGMES

Déchiffrez les énigmes et inscrivez vos réponses pour découvrir le mot caché.

1. Messager des dieux, protecteur des voyageurs.

2. Demeure des dieux.

3. Ville dont le cheval est resté célèbre.

4. Femme de Zeus, jalouse d'Alcmène et de son fils Héraclès.

5. Déesse, je suis celle que Pâris a élue comme étant la plus belle.

6. Poème qui raconte les aventures d'Achille.

7. Poème qui raconte les aventures d'Ulysse.

8. Synonyme d'Achéen.

9. Dieu, j'ai forgé les armes d'Achille.

10. Poète grec du VIIIe siècle av. J.-C.

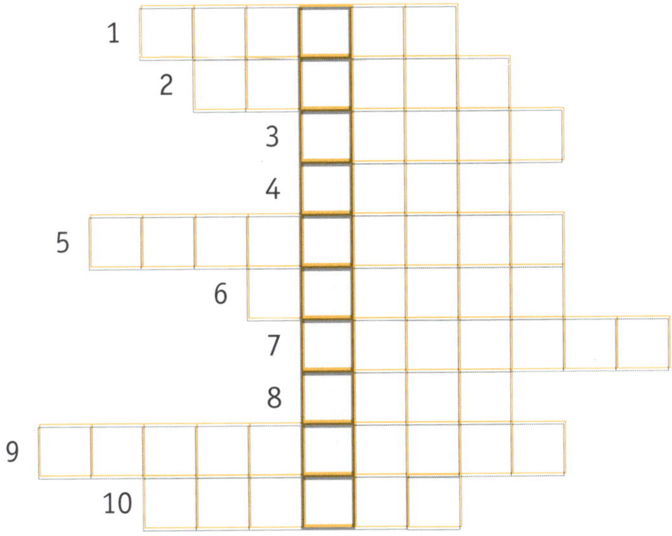

Pour aller
UN PEU PLUS LOIN...

Lectures

- GOSCINNY et UDERZO, *Astérix aux Jeux olympiques,* Paris, Dargaud.
- CHANDON (G.), *Contes et récits tirés de l'Iliade et de l'Odyssée,* Paris, Nathan.
- GRIMAL (P.), *Récits du temps d'Alexandre,* Paris, Nathan
- QUESNEL (A.), *La Grèce,* Hachette, *Mythes et légendes,* 1991
- GIORDA, *La revanche de Képhalo,* Paris, Hatier, 1990.
- MIQUEL (P.), *La vie privée des hommes au temps de la Grèce ancienne,* Paris, Hachette, 1991.
- EUGÉNE (C.), *La flèche de Parthe,* Paris, Hatier, 1989.
- PASQUIER (Alain), *Héraclès un héros grec,* Paris, Nathan-Réunion des musées nationaux, 1988.
- *« Athènes a tout inventé »,* Okapi, janvier 1994.

Visites

Le département grec du musée du Louvre.

Astérix aux Jeux olympiques

PREMIER CONTACT AVEC ROME

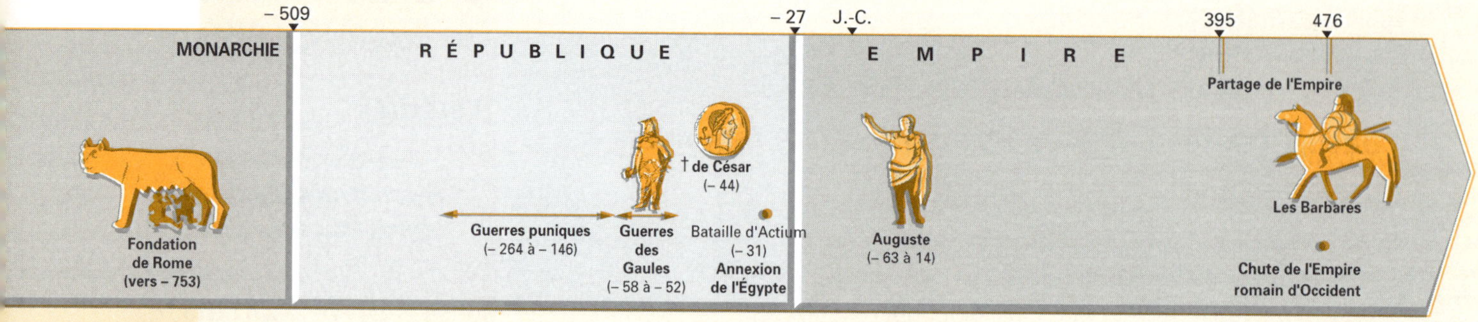

D'ÉNÉE À ROMULUS

Selon la légende racontée au Ier siècle av. J.-C. par le poète latin Virgile, Rome aurait été fondée en 753 av. J.-C. par de lointains successeurs d'Énée, héros troyen, fils de Vénus et Anchise. Énée, qui a fui sa ville lors de la guerre de Troie contre les Grecs, débarque vers 1100 av. J.-C. sur les rivages du Latium.

« Sois sans crainte, Vénus, Énée bâtissant Lavinium donnera à ses guerriers des lois et des remparts ; il régnera trois ans dans le Latium. Son fils, le petit Ascagne, qui aujourd'hui en souvenir du royaume d'Ilion, Troie, porte le surnom de Iule, fondera la ville d'Albe. Là, durant trois fois cent ans, régnera la race d'Hector, jusqu'à ce que Rhéa Silvia, vestale, prêtresse du foyer, fille de Numitor et nièce d'Amulius, aimée du dieu Mars, mette au monde deux jumeaux, Romulus et Remus. Amulius ordonnera qu'ils soient noyés dans le Tibre, mais ils seront miraculeusement rejetés sur les bords du fleuve, allaités par une louve puis recueillis par des bergers. Romulus recevra le sceptre, bâtira Rome et donnera son nom aux Romains. Telle est ma volonté à moi, Jupiter, père des dieux et des hommes. »

D'après Virgile, *Énéide*, livre I.

COMPRÉHENSION DU TEXTE

1– Qui est l'auteur du texte ?
2– Qui est Énée ? Pourquoi peut-on dire que c'est un héros ?
3– Rappelez en une phrase ce qu'est la guerre de Troie.
4– Qui parle à Vénus ?
5– Complétez l'arbre généalogique ci-dessous.

5–

Anchise + V..........

É...........

A..................

Amulius   Numitor

Mars + R................

R............. R..........

1– ....

2– ....

....

....

3– ....

....

4– ....

....

6– Au bord de quel fleuve Romulus et Remus ont-ils été abandonnés ?
7– Quel est le nom de la ville fondée par Romulus ? Quand a-t-elle été fondée ?
8– Soulignez dans le texte les dieux cités.

6– ....

7– ....

....

D'Homère à Virgile,
de la guerre de Troie à la fondation de Rome

Sur la frise ci-contre coloriez :
– en rouge le bandeau de l'histoire grecque ;
– en vert le bandeau de l'histoire romaine.

1200 av. J.-C. — VIIIe s. av. J.-C.

Guerre de Troie | Homère

Fondation de Rome | Virgile

753 av. J.-C. — Ier siècle av. J.-C.

☐ histoire grecque
☐ histoire romaine

Le site de Rome

1– Rome, ville d'Italie

Sur la carte :
- matérialisez par un liseré bleu la mer Méditerranée,
- repassez en bleu les fleuves et écrivez leur nom (Tibre et Pô),
- situez Rome par des petites capitales rouges.

2– Rome, la ville aux « sept collines »

À l'aide de votre manuel d'histoire, complétez le plan :
- écrivez et coloriez en bleu le nom du fleuve,
- écrivez en noir le nom des sept collines.

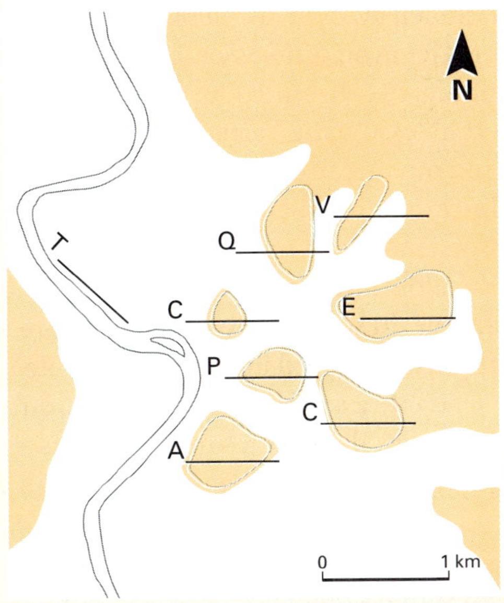

Résumé

Utilisez les informations issues de votre travail pour compléter le résumé suivant.

Rome se trouve en ...., pays situé au sud de l'Europe et bordé par la ....

Elle se situe sur la rive gauche du .... C'est la ville aux « ....

... . » car elle fut construite sur plusieurs hauteurs.

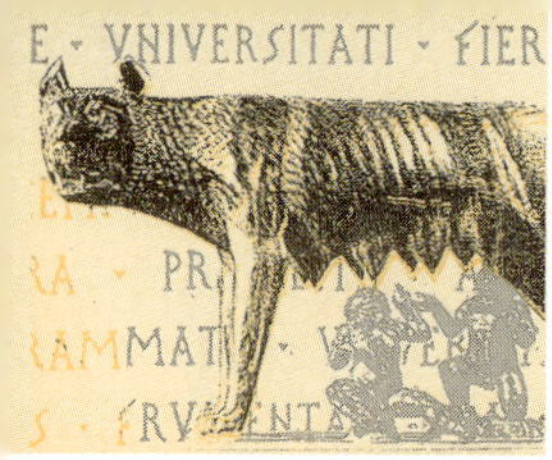

LES *MÉTAMORPHOSES* D'OVIDE :
L'HÉRITAGE GREC DANS LE MONDE ROMAIN (1)

1– Recherchez qui est Ovide (fonction, nationalité, époque).
2– Que signifie le mot métamorphose ?
3– Recherchez deux synonymes de ce mot.

1– ....

....

2– Métamorphose : ....

....

3– ....

....

DÉDALE ET ICARE

« DÉDALE, lassé de la Crète et d'un long exil, sentait renaître en lui l'amour du pays natal ; mais la mer le retenait captif : "Minos, dit-il, peut bien me fermer la terre et les eaux ; le ciel au moins m'est ouvert. C'est par là que je passerai." Ayant ainsi parlé, il s'applique à un art jusqu'alors inconnu. Il dispose des plumes à la file en commençant par la plus petite. Puis il attache ces plumes au milieu avec du lin, en bas avec de la cire et, après les avoir ainsi assemblées, il leur imprime une légère courbure pour imiter les oiseaux véritables. Quand l'artisan a mis la dernière main à son ouvrage, il donne les instructions à son fils : "Icare, lui dit-il, tiens-toi à mi-hauteur dans ton essor, je te le conseille : si tu descends trop bas, l'eau alourdira tes ailes, et si tu montes trop haut, l'ardeur du soleil les brûlera. Vole entre les deux." En même temps, il lui enseigne l'art de voler et il adapte à ses épaules des ailes jusqu'alors inconnues. Il donne à son fils des baisers qu'il ne devait pas renouveler et il prend son envol, inquiet pour son compagnon, comme l'oiseau qui des hauteurs de son nid a emmené à travers les airs sa jeune couvée. Un pêcheur occupé à tendre des pièges aux poissons au bout de son roseau tremblant, un berger appuyé sur son bâton, un laboureur sur le manche de sa charrue les ont aperçus et sont restés saisis. À la vue de ces hommes capables de traverser les airs, ils les ont pris pour des dieux.
Mais bientôt, l'enfant tout entier au plaisir de son vol audacieux, abandonna son guide. Cédant à l'attrait du ciel, il se dirigea vers des régions plus élevées. Alors, le voisinage du soleil dévorant amollit la cire odorante qui fixait ses plumes ; et voilà la cire fondue. Il agite ses bras dépouillés ; privé des ailes, il n'a plus de prise sur l'air. Sa bouche, qui criait le nom de son père, est engloutie dans l'onde azurée à laquelle il a donné son nom. Son père, apercevant des plumes sur les eaux, maudit son art. »

D'après Ovide, *Métamorphoses.*

A LES PERSONNAGES

1– Qui sont les deux personnages principaux du texte ?
2– Où sont-ils retenus enfermés ? Par qui ?
3– À quelle métamorphose les deux personnages principaux se soumettent-ils ? Pourquoi ?

1– ....

2– ....

....

3– ....

....

....

B DU LATIN AU FRANÇAIS.

1– Quelle est l'étymologie du mot île ?
• Entourez la racine commune des mots ci-contre.

2– Quelle est l'étymologie du mot eau ?
• En vous aidant de cette racine étymologique, trouvez des mots de la même famille.

3– Quelle est l'étymologie et la signification du mot composé aigue-marine ?

4– Quelle est la signification du nom dédale ?
• Coloriez dans la couleur de votre choix les mots ci-contre, dérivés de noms propres.

1– ....

• presqu'île • péninsule • insulaire

2– ....

• ....

....

3– Aigue-marine : ....

....

4– Dédale : ....

....

....

guillotine poêle poubelle vaudeville sandwich

guillemets mansarde camembert asperge

PYGMALION

« PYGMALION vivait sans compagne, célibataire. Cependant, grâce à une habileté merveilleuse, il réussit à sculpter, dans l'ivoire blanc comme la neige, un corps de femme d'une telle beauté que la nature n'en peut créer de semblable. Et il devint amoureux de son œuvre. C'est une vierge qui a toutes les apparences de la réalité ; on dirait qu'elle est vivante. Pygmalion s'enflamme pour cette image ; souvent il approche ses mains du chef-d'œuvre pour s'assurer si c'est là de la chair ou de l'ivoire. Il donne des baisers à sa statue et s'imagine qu'elle les lui rend. Il lui parle et la serre dans ses bras. Il la pare aussi de beaux vêtements ; il met à ses doigts des pierres précieuses, à son cou de longs colliers ; à ses oreilles pendent des perles légères, sur sa poitrine des chaînettes.

Le jour était venu où Chypre tout entière célébrait avec éclat la fête de Vénus. Pygmalion debout devant l'autel dit d'une voix timide : "Ô dieux, si vous pouvez tout accorder, donnez-moi pour épouse, je vous en supplie, une femme semblable à la vierge d'ivoire." Vénus, parée d'or, qui assistait elle-même à sa fête, comprit le sens de cette prière. De retour chez lui, l'artiste va vers la statue et lui donne un baiser. Au contact de sa main, l'ivoire s'attendrit, il perd sa dureté, il fléchit sous les doigts. Ainsi la cire s'amollit au soleil. L'amant reste saisi, il hésite à se réjouir, il craint de se tromper. Sa main s'approche encore : c'est bien un corps vivant. »

D'après Ovide, *Métamorphoses*.

1– Quel est le métier de Pygmalion ?

2– Définissez le mot autel.

3– Quelle est la métamorphose subie par la statue d'ivoire ?

4– Citez deux héroïnes de conte rendues à la vie par un baiser amoureux.

1– ....

2– Autel : ....

....

3– ....

4– ....

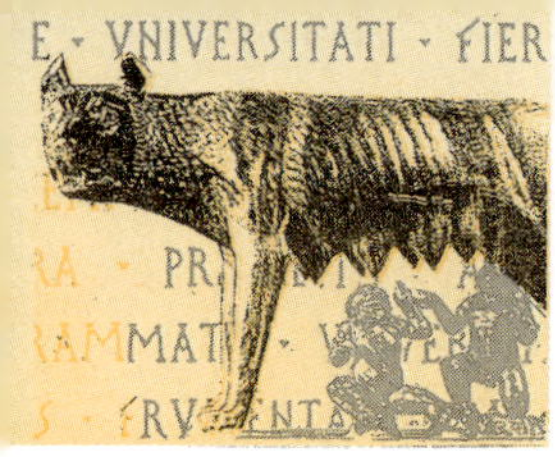

LES *MÉTAMORPHOSES* D'OVIDE :
L'HÉRITAGE GREC DANS LE MONDE ROMAIN (2)

PERSÉE ET ATLAS

« AU DÉCLIN du jour, Persée s'arrête dans les jardins des Hespérides, dans le royaume d'Atlas. Là vivait ce souverain qui surpassait tous les hommes par sa taille gigantesque. Il tenait sous ses lois les extrémités de la terre ainsi que la mer qui ouvre ses flots aux chevaux haletants du Soleil et reçoit son char fatigué. Sur ses arbres, des feuilles qui resplendissaient de l'éclat de l'or couvraient des rameaux d'or et des fruits d'or. "Étranger, lui dit Persée, je suis né de Jupiter. Je te demande l'hospitalité et le repos." Le roi se souvenait de ce vieil oracle que Thémis avait rendu sur le Parnasse : "Un temps viendra, Atlas, où tes arbres seront dépouillés de leur or par un fils de Jupiter."

Dans cette crainte, Atlas avait enfermé ses vergers entre de solides murailles. Il en avait confié la garde à un énorme dragon et il repoussait de ses frontières tous les étrangers. Il repoussa donc Persée. Aux menaces, il ajoute la violence. De ses propres mains, il essaie de chasser le héros. Persée qui n'était pas assez fort pour résister lui dit : "Eh bien, puisque tu tiens si peu à mon amitié, reçois ta récompense." Et il lui présente la face hideuse de la Méduse. Dans toute sa hauteur, Atlas est changé en montagne : sa barbe et ses cheveux deviennent des forêts, ses épaules et ses bras des coteaux ; ce qui fut sa tête se dresse au sommet de la montagne ; ses os se transforment en pierre. »

D'après Ovide, *Métamorphoses*.

Aidez-vous du texte et d'un dictionnaire pour répondre aux questions ci-dessous.

1– Pourquoi Persée est-il un héros ?

2– Que signifie le mot Parnasse ?

3– Dans quel récit de la mythologie grecque avez-vous déjà rencontré le jardin des Hespérides et ses fruits d'or ?

4– Définissez le mot hospitalité.

5– Quel est le dieu du soleil dans la mythologie gréco-romaine ?
• Quel est le roi de France qui se faisait appeler « le roi soleil » et qui se fit représenter sous la forme de ce dieu ?

6– Qui est la Méduse ? Quel est son pouvoir ?

7– Quelle est la métamorphose que subit Atlas ?

1 – ....

....

2 – ....

....

3 – ....

....

4 – Hospitalité : ....

....

5 – ....

• ....

6 – ....

....

....

7 – ....

....

DU LATIN AU FRANÇAIS

1 – Plus de 80 % du vocabulaire français vient du latin. Au Moyen Âge, et jusqu'au XVIIe siècle, le latin est la langue internationale des savants.

Quelle est aujourd'hui la langue internationale des savants ?

2 – Observez les mots latins à l'origine des mots français hôpital, hôtel et hospitalité puis complétez le texte à trous.

3 – Utilisez ces mots latins passés dans la langue française pour identifier les illustrations ci-contre : agenda • référendum • ex æquo.

4 – Reliez d'abord chaque mot à son abrévation puis à son sens.

1 – ....

2 –

Hospitalem (adj. lat.) → Hôpital (formation savante)
Hospitalem (adj. lat.) → Hôtel (formation populaire)
Hospitalitatem (n. lat.) → Hospitalité

En français, les noms hôpital et hôtel ont la même .... Le mot hôpital est celui qui ressemble le plus au mot latin *hospitalem* dont il est issu : on dit qu'il est de formation .... En revanche, le mot hôtel est une déformation du mot *hospitalem* : sa formation est .... Le « s » qu'on trouve dans les mots latins *hospitalem* et *hospitalitatem* se prononce encore dans le nom hospitalité. Il ne se prononce plus dans hôpital et hôtel où il a été remplacé par un .... à partir du XVIIe siècle.

3 –

....

4 –

Et caetera ❑	❑ N. B. ❑	❑ la même chose
Idem ❑	❑ etc. ❑	❑ notez bien
Nota bene ❑	❑ id. ❑	❑ et les autres choses

PRENEZ LA PLUME

Voici trois œuvres dont le sujet est inspiré des récits d'Ovide. Mettez sous chacune des illustrations ci-dessous son titre : Dédale et Icare, Apollon, Persée et la Méduse.
En vous aidant de vos lectures, décrivez au choix l'une de ces illustrations.
Vous ferez votre récit au présent en une dizaine de phrases.

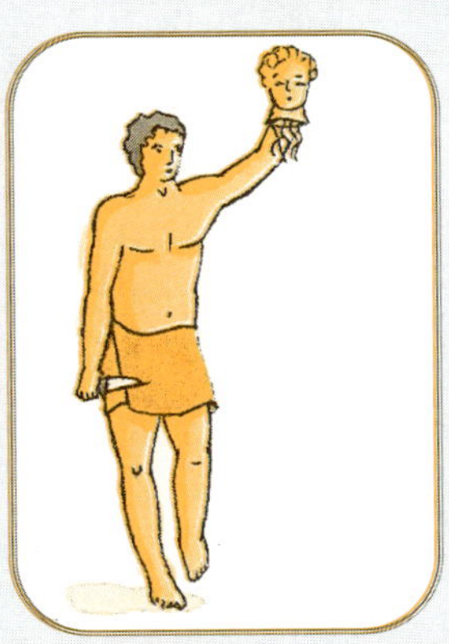

....

....

L'*ÉNÉIDE* (1)

1– Recherchez qui est Virgile (fonction, nationalité, époque).
2– Citez ses principales œuvres.

1– ....

....

2– ....

L'arrivée d'Énée à Carthage

Victime de la jalousie de Junon, Énée et ses compagnons sont repoussés par une tempête sur les côtes de Carthage. Là, Vénus s'adresse à son fils.

“TU VOIS ici un royaume punique. Didon y exerce le pouvoir. Elle a fui sa patrie où son frère a tué son époux. Arrivée au lieu où tu verras maintenant d'énormes murailles et la citadelle imposante de la nouvelle Carthage, elle a acheté tout le terrain qu'elle pourrait entourer avec une peau de taureau. Découpant cette peau en lanières très minces elle obtint ainsi un espace considérable. Poursuis ta route et rends-toi au palais de la reine.”

Énée se hâte, gravit la colline qui surplombe la ville, admire la masse des édifices, les portes, le bruit de la foule, le pavé des rues. Rendu invisible par sa mère, la déesse Vénus, il s'avance au milieu de la ville et contemple la reine Didon, éclatante de beauté. Puis le nuage qui l'enveloppait se fend tout à coup et se dissipe. Énée apparaît, resplendissant d'une claire lumière, et se présente à la reine : “Je suis le Troyen Énée”. Didon le conduit dans son palais. Touchée par la flèche de Cupidon, elle s'éprend de son hôte.

D'après Virgile, *Énéide*, livre I.

1– Recherchez dans quel pays se situe aujourd'hui Carthage.
2– Par qui Carthage était-elle gouvernée ?
3– Quel était le régime politique de Carthage ?
4– Soulignez dans le texte les deux phrases qui indiquent la manière dont la reine Didon a délimité le territoire de Carthage.
5– Cherchez l'étymologie et la signification de l'adjectif punique.
6– Aidez vous du texte pour identifier les deux déesses ci-contre. Rappelez leur fonction et leur nom grec.
7– Aidez vous du texte pour identifier le personnage ci-dessous.

....

1– ....

2– ....

3– ....

5– Punique : ....

....

....

6–

Nom ....

Fonction ....

Nom grec ....

Nom ....

Fonction ....

Nom grec ....

Didon

« Bientôt le bruit se répand qu'Énée, issu du sang troyen, est arrivé à Carthage et qu'il jouit de l'amour de la reine Didon. La rumeur monte jusqu'à Jupiter. Voyant les deux amants, il s'adresse à Mercure : "Porte à Énée mes propos. Quel espoir l'arrête chez un peuple ennemi ? Ne songe-t-il pas à l'avenir d'Ascagne à qui est promis la terre romaine ? Qu'il navigue !"

À ce message, Énée brûle de prendre la fuite. Mais comment l'annoncer à la reine ? Dans le secret, il fait appareiller et rassembler ses compagnons sur le rivage. Cependant Didon pressent la ruse et l'interpelle : "As-tu espéré, perfide, quitter ma terre sans mot dire ? Je t'en supplie, renonce à ce projet funeste." Énée répond : "C'est en Italie que le destin m'a ordonné de m'établir" puis il part en hâte, la nuit suivante. L'infortunée Didon s'écrie alors : "Ô habitants de Carthage, poursuivez de votre haine la race d'Énée et toute sa descendance à venir : point d'amitié ni d'alliance entre les deux peuples. Que de nos ossements sorte un vengeur. Puissent les deux peuples se combattre, eux et leurs descendants." Puis la reine de Carthage s'élance, et monte sur le bûcher qu'elle a dressé pour y immoler les souvenirs d'Énée. Elle saisit l'épée laissée par le héros, se laisse tomber sur le fer et meurt. »

D'après Virgile *Éneide,* livre IV.

A VOCABULAIRE.

1– Reliez les mots à leurs synonymes.

2– Étudiez la formation du mot infortuné (préfixe, radical, suffixe) puis définissez-le.

1–

funeste ❑	❑ chance
immoler ❑	❑ richesse
infortuné ❑	❑ malheureux
fortune ❑	❑ nuisible
	❑ tuer
	❑ pauvre

2 – in-fortun-é : ....

....

....

B DE LA GRAMMAIRE À L'EXPLICATION DE TEXTE : RÉINVESTISSEMENT

1– Quels sont les deux types de phrase que Jupiter utilise pour s'adresser à Énée ?

2– Identifiez le temps et le mode des deux verbes ci-contre.

3– Résumez en une phrase le sens du message que Jupiter adresse à Énée.

4– La reine Didon lance à Énée et à ses descendants une malédiction. Précisez le sens de ce mot que vous avez déjà rencontré dans les textes bibliques.
- Quel est son antonyme ?
- Soulignez dans le texte les paroles de Didon qui résument cette malédiction.
- Précisez qui sont les deux peuples qui se combattront.

1 – ....

....

2 – • « porte » : ....

• « qu'il navigue » : ....

3 – ....

....

4 – Malédiction : ....

....

• ....

• ....

....

L'*ÉNÉIDE* (2)

Énée aux enfers

Ayant fui Carthage, Énée arrive en Sicile. Désireux de revoir son père, il consulte la Sibylle pour pouvoir descendre au royaume des morts.

« “Ô VIERGE, je ne t'adresse qu'une prière : puisque c'est ici, dit-on, la porte du roi des Enfers et le ténébreux marais des débordements de l'Achéron, fais que j'aie le bonheur d'aller voir le cher visage de mon père ; enseigne-moi la route et ouvre-moi les portes sacrées. C'est lui qu'à travers les flammes et sous une grêle de javelots j'ai enlevé sur mes épaules et retiré du milieu des ennemis ; c'est lui mon compagnon de route, qui, infirme, a supporté toutes mes traversées, toutes les menaces du ciel et de la mer.”

Il priait ainsi et mettait sa main sur l'autel. Alors la prêtresse lui répondit : “ Troyen, fils d'Anchise, né des dieux, il est facile de descendre en l'Averne. La porte du noir Pluton est ouverte nuit et jour. Mais revenir sur ses pas et remonter à la lumière d'en haut, c'est là le pénible effort, la dure épreuve. Quelques-uns seulement l'ont pu. Si tu as un si grand désir de traverser deux fois les flots stygiens, de voir deux fois le sombre Tartare, et s'il te plaît d'entreprendre cette tâche insensée, écoute d'abord ce que tu dois faire. Un rameau, dont la souple baguette et les feuilles sont d'or, se cache dans un arbre touffu consacré à la Junon infernale. Il est impossible de pénétrer sous les profondeurs de la terre avant d'avoir détaché de l'arbre la branche au feuillage d'or. ”

(Muni du rameau d'or, Énée retrouve la Sibylle qui l'accompagne dans le vestibule des Enfers peuplé d'êtres effrayants.)

De là part la route qui conduit dans le Tartare, aux flots de l'Achéron. Ce sont des tourbillons de boue, un gouffre, un vaste abîme qui bouillonne et vomit tout son limon dans le Cocyte. Un horrible passeur garde ces eaux et ce fleuve, d'une saleté hideuse, Charon. Seul, il pousse la gaffe et manœuvre les voiles de la barque où il transporte les ombres des corps. Toute une foule répandue se précipitait vers la rive. Tous debout suppliaient qu'on les fît passer les premiers et tendaient leurs mains dans leur grand désir de l'autre rive. Mais le dur nocher prend ceux-ci, puis ceux-là, et repousse loin du rivage ceux qu'il écarte. Ceux que les flots emportent ont été ensevelis. Il ne lui est pas permis de faire traverser ceux dont le corps a été privé de sépulture.

(Énée est enfin parvenu sur l'autre rive du Styx. Grâce à la Sibylle, il passe devant le chien Cerbère endormi.) »

D'après Virgile, *Énéide*, livre VI.

1- Que s'est-il passé après l'épisode du cheval de Troie ? Comment Énée s'est-il enfui de Troie incendiée ? Avec qui ? Où compte-t-il se rendre ?

2- **Lexique des Enfers**
Reliez par une flèche chaque mot à sa signification.

1- ....

....

2-

Averne ❑	❑ Lac à l'entrée des Enfers
Styx ❑	❑ Déesse des Enfers
Pluton (Hadès) ❑	❑ Chien à trois têtes gardien des Enfers
Proserpine ❑	❑ Fleuve des Enfers
Tartare ❑	❑ Dieu des Enfers
Achéron ❑	❑ Passeur des morts
Cocyte ❑	❑ Lieu des Enfers où sont enfermés les dieux déchus
Cerbère ❑	
Charon ❑	

3 – Sous quelle forme les morts se présentent-ils ?
4 – Pourquoi est-il impossible à certains morts de traverser le fleuve pour rejoindre le royaume des morts ?
5 – Consultez le dictionnaire pour définir les mots ci-contre.
6 – Identifiez l'illustration ci-dessous.

3 – ....

4 – ....

5 – • Sibylle : ....

• Langage sibyllin : ....

6 – ....

L'arrivée dans le Latium

Sorti des Enfers, Énée aborde à l'embouchure du Tibre.

« L'ANTIQUE Latium quand Énée débarqua sur les côtes italiennes, était gouverné par le vieux roi Latinus. Par la volonté des dieux, Latinus n'avait pas de fils ; une seule fille, Lavinie, devait hériter de sa maison et de ses vastes domaines. Beaucoup de princes du Latium et de l'Italie avaient hâte de l'épouser. Mais l'oracle avait dit à Latinus : "N'engage pas ta fille dans des noces latines. Il t'arrive un gendre étranger, dont les descendants verront rangés et soumis à leurs lois tous les pays que le soleil regarde, d'un océan à l'autre."

Ayant appris l'arrivée d'Énée et ses compagnons, le roi Latinus les fait appeler à son palais. Le voilà ce gendre, parti d'une patrie étrangère ; le voilà celui dont la race doit s'illustrer par sa valeur et conquérir le monde entier par sa force !

Mais la terrible épouse de Jupiter, Junon, hérissée de fureur à l'encontre d'Énée suscite la guerre. Latinus est impuissant à maintenir la paix. L'Italie s'embrase. »

D'après Virgile, *Énéide*, livre VII.

1 – Dans quel pays se situe le Latium ? Près de quel fleuve ?
2 – Par qui le Latium est-il gouverné ? Qui est son héritier ?
3 – Quel est le nom du peuple du Latium ?
4 – Expliquez le sens de l'oracle en identifiant :
– le « gendre étranger »
– les « descendants [qui] verront rangés et soumis à leurs lois tous les pays ».

1 – ....

2 – ....

3 – ....

4 – • « gendre étranger » : ....

• « descendants » : ....

LE PÉRIPLE D'ÉNÉE

L'EXPRESSION D'UN LIEU EN GÉOGRAPHIE

1– Complétez, à l'aide de votre manuel d'histoire, la carte du voyage d'Énée :
- en indiquant par des capitales noires le Latium et la Sicile
- en situant par des minuscules noires Rome, Carthage, Troie
- en coloriant en rouge le périple d'Énée.

2– À l'aide des points cardinaux, situez Rome par rapport :
- à Troie
- à Carthage.

3– Reliez chacun de ces noms et adjectifs au point cardinal qui convient.

2– ……………………………………………………………………………

• ……………………………………………………………………………

Boréal ❑	❑ Nord
Orient ❑	❑ Est
Septentrion ❑	❑ Sud
Levant ❑	❑ Ouest
Méridional ❑	
Occident ❑	

Le périple d'Énée

1–

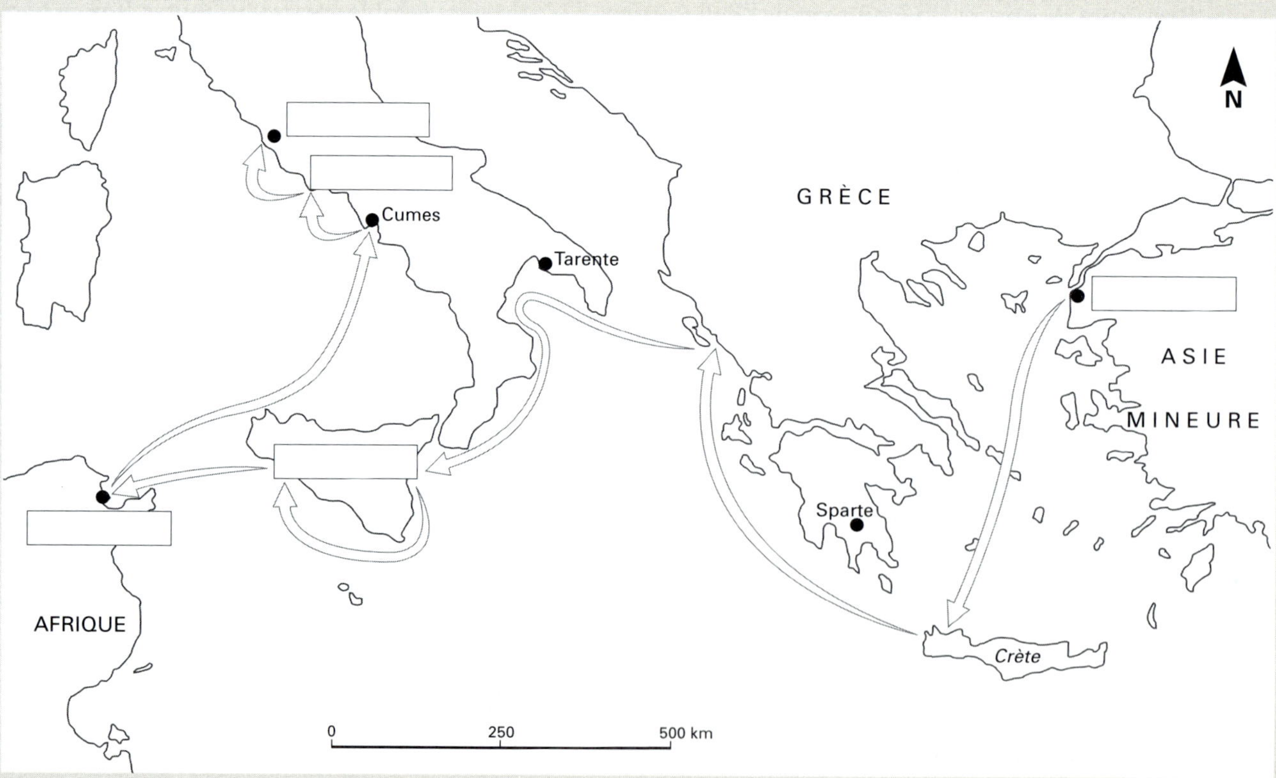

L'EXPRESSION D'UN LIEU EN FRANÇAIS

1 – Lisez le résumé ci-contre. Soulignez en bleu tous les mots ou groupes de mots qui servent à exprimer le lieu ; entourez les prépositions qui introduisent ces mots ou groupes de mots.

2 – Classez dans le tableau ci-contre les mots ou groupes de mots que vous venez de souligner.

« Énée s'est enfui de Troie incendiée par les Grecs. Il passe par Carthage, le royaume de la reine Didon. Mais il ne peut s'y attarder plus longtemps. Car il doit aller en Italie où se trouve la terre promise par les dieux. Après un long voyage, il débarque enfin sur les rives du Latium. Ses descendants, Romulus et Remus, sont abandonnés à leur naissance dans un berceau jeté dans le Tibre et recueillis par une louve. C'est là, sur le mont Palatin, que selon la légende, ils décident de fonder une ville. »

LIEU	OÙ L'ON EST	OÙ L'ON VA	D'OÙ L'ON VIENT	PAR OÙ L'ON PASSE
G.N. AVEC PRÉPOSITION				
PRONOMS				
ADVERBES				

DU LATIN AU FRANÇAIS

1 – Entourez les exemples dans lesquels on retrouve un préfixe exprimant le lieu. Aidez-vous, si nécessaire, du dictionnaire.

PRÉFIXES	SENS	EXEMPLES
in -	dans, sur	inspecter - infiltrer - inégal
a-	vers	accompagner - anormal - abaisser
post-	derrière, après	poster - postérité - post-scriptum
pré-	devant, avant	préférence - présidence - prénom
ante-	devant, avant	antérieur - antenne
ex-/é-	hors de	éléphant - émigration - élément

2 – À l'aide du dictionnaire expliquez le sens de ces expressions latines passées dans la langue française.

2 – • Infra : ....

• Supra : ....

• In fine : ....

• In situ : ....

• Intra muros : ....

PRENEZ LA PLUME

Rédigez, en une dizaine de phrases, le récit d'un voyage que vous avez fait. Précisez le lieu d'où vous partez, le lieu où vous vous rendez et un lieu par où vous passez. Donnez quelques caractéristiques sur chacun de ces lieux (pensez à utiliser les expansions du nom). Variez les verbes de mouvement.

LA FONDATION DE ROME

« Après avoir ainsi rendu à Numitor le royaume d'Albe, Romulus et Remus conçurent le désir de fonder une ville à l'endroit où ils avaient été abandonnés et élevés. Il y avait d'ailleurs surabondance de population à Albe et dans le Latium. [...]

C'était aux dieux protecteurs de ce lieu de désigner par des augures celui qui donnerait son nom à la ville nouvelle, la fonderait et en aurait le gouvernement. À cet effet, Romulus choisit le Palatin et Remus l'Aventin comme emplacement pour rendre les augures.

Ce fut d'abord Remus qui obtint, dit-on un augure : six vautours. Il venait de le signaler quand le double s'en présenta à Romulus. Chacun d'eux fut proclamé roi par son groupe. Les uns faisaient valoir la priorité, les autres le nombre des oiseaux pour tirer à eux la royauté. On discute ; on en vient aux mains ; les colères s'exaspèrent et dégénèrent en lutte meurtrière. C'est alors que dans la bagarre, Remus tomba frappé à mort. Selon une tradition plus répandue, Remus, pour se moquer de son frère, aurait franchi d'un saut les murailles nouvelles, et Romulus, irrité, l'aurait tué en ajoutant cette apostrophe : "Ainsi périsse à l'avenir quiconque franchira mes murailles." Romulus resta donc seul maître du pouvoir, et, après sa fondation, la ville prit le nom de son fondateur. »

D'après Tite-Live (env. 64-10 av. J.-C.), *Histoire de Rome*.

ÉVALUATION

Nombre de points

1- Quel est l'auteur ? A-t-il vécu les événements racontés ? Justifiez votre réponse. (2 points)

2- Qui sont Romulus et Remus ? De qui sont-ils les fils ? (3 points)

3- Qui est Numitor ? (1 point)

4- Identifiez le lieu dont il est question dans le groupe de mots souligné. (2 points)

5- Qu'appelle-t-on le Latium ? Quel nom de peuple a-t-il donné ? (2 points)

6- Quel type de religion les Romains avaient-ils ? (1 point)

7- Que désignent les mots Palatin et Aventin ? (1 point)

8- Comment s'appelle la ville fondée par Romulus et Remus ? (1 point)

9- Quand cette ville a-t-elle été fondée ? (1 point)

10- Donnez un synonyme du mot royauté. (1 point)

11- Observez l'illustration en haut de la page.
- Identifiez les personnages. (3 points)
- Quelle scène ce document illustre-t-il ? (2 points)

1- ....

....

2- ....

....

3- ....

4- ....

5- ....

....

6- ....

7- ....

8- ....

9- ....

10- ....

11- ....

• ....

....

APERÇU DE LA RELIGION ROMAINE

Aidez-vous d'un dictionnaire pour répondre aux questions suivantes.

1– En vous servant des textes précédents, recherchez le nom des dieux romains à l'aide des noms grecs.

2– Recherchez l'étymologie des jours de la semaine. Soulignez en vert les jours dont le nom est hérité des dieux gréco-romains. Puis indiquez pour ces jours le nom du dieu correspondant.

3– Recherchez l'étymologie latine des mots augure et auspice ; définissez-les.

4– Vérifiez le sens des expressions ci-dessous puis écrivez sous chacun des dessins celle qui convient :
• sous les auspices de • un rire jovial • un art martial • des bacchanales • égides • pénates.

1 –
- Zeus : ....
- Héra : ....
- Poséidon : ....
- Apollon : ....
- Athéna : ....
- Aphrodite : ....
- Hermès : ....
- Hadès : ....
- Perséphone : ....
- Dionysos : ....
- Arès : ....
- Héphaïstos : ....

2 –

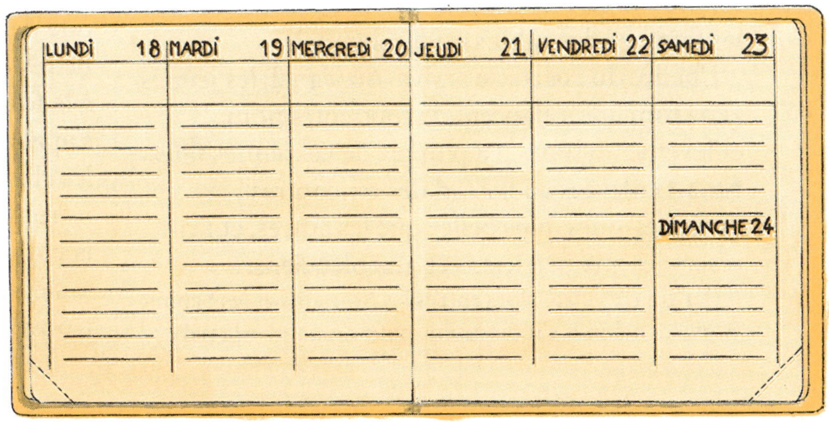

3 – Augure : ....

....

Auspice : ....

....

4 –

....

....

....

....

....

....

L'ENLÈVEMENT DES SABINES

Romulus vient de fonder Rome. Il peuple sa ville d'hommes libres et d'esclaves.

« DÉSORMAIS, Rome était assez forte pour combattre n'importe quel État voisin à armes égales. Mais le manque de femmes limitait les mariages et les naissances qui devaient lui assurer sa puissance pour les générations futures. Les femmes des peuples voisins ne voulaient pas contracter d'alliance avec les Romains. Romulus eut alors l'idée de les inviter à des jeux en l'honneur de Neptune. C'étaient surtout les femmes des Sabins qu'il convoitait.

L'heure du spectacle arriva. Au signal, les jeunes gens romains s'élancent de tous côtés pour enlever les Sabines. La plupart de ces jeunes filles furent enlevées au hasard des rencontres ; quelques-unes, plus belles que les autres, étaient réservées aux patriciens et aux plébéiens.

(La guerre éclate alors entres les Romains et les Sabins. Mais les Sabines s'interposent pour demander la paix.)

C'est alors que les Sabines, dont le rapt avait amené la guerre, les cheveux épars, les vêtements déchirés n'hésitèrent pas à s'élancer au milieu d'une grêle de traits et à se jeter entre les combattants pour mettre fin au combat. Elles supplient tour à tour leurs pères et leurs maris de ne pas commettre un crime : "Si ces liens de parenté, si ces mariages vous sont odieux, c'est contre nous qu'il faut tourner votre colère ; plutôt mourir que de survivre à nos maris ou à nos pères, de rester veuves ou orphelines". L'émotion gagne à la fois les soldats et les chefs. On se tait, on s'apaise soudain. Puis, afin de conclure un traité, les chefs s'avancent. Non contents de faire la paix, ils réunissent en un seul les deux États, mettent la royauté en commun, transportent le siège du pouvoir à Rome, qui se trouve ainsi doublé. »

D'après Tite-Live, *Histoire de Rome*, I, 9 et 13.

COMPRÉHENSION DU TEXTE

1- Recherchez dans votre manuel d'histoire ou dans un dictionnaire ce que signifient les mots ci-contre.

2- Quelle est la fonction du dieu Neptune ? Rappelez son nom chez les Grecs.

1- • Patricien : ....

• Plébéien : ....

2-

Fonction :..

Nom grec :..

LE TEXTE ARGUMENTATIF

Dans un texte argumentatif, un émetteur (= locuteur = personne qui parle) cherche à convaincre un destinataire. Pour convaincre son destinataire, le locuteur formule des arguments.

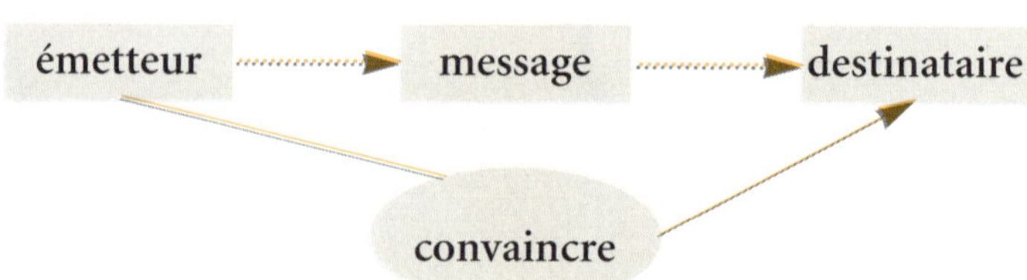

Relisez attentivement la phrase soulignée dans le texte : Puis répondez aux questions.

1– Qui parle (locuteur) ?

2– Qui sont les deux destinataires ?

3– Quel est le message adressé aux destinataires (de quoi faut-il les convaincre) ?

1 – ....

....

2 – ....

....

3 – ....

....

....

INITIATION À LA LANGUE LATINE

1– **Lecture** : voici une phrase extraite du texte latin de Tite-Live. Entraînez-vous à la lire en suivant les consignes ci-contre et le tableau de phonétique.

2– **Vocabulaire**

- En vous aidant de la racine latine du verbe *rapere* « enlever », soulignez dans le texte de Tite-Live page 72, un synonyme du nom enlèvement.
- Quelle est l'étymologie et la définition de l'adjectif qualificatif timide ?

RAPERE v. : enlever
SABINA (Sabinae) n.f. : une Sabine (des Sabines)
TIMERE v. : craindre
ROMANUS (Romani) n.m. : un Romain (des Romains)

3– **La phrase latine**

Essayez de traduire les deux phrases ci-contre.

- Que remarquez-vous sur l'ordre des mots, en latin ? en français ?
- En vous aidant de votre traduction en français dites quelle est la fonction du nom roman**i** puis celle du nom roman**os**.

1–
Ubi spectaculi tempus venit deditaeque eo mentes cum oculis erant, tum ex composito orta vis signoque dato juventus romana ad rapiendas virgines discurrit.

- En latin toutes les lettres se prononcent y compris les consonnes finales.
- c et g sont toujours dures même devant e et i. Cepit [kepit], gemini [gemini].
- s est toujours dure même entre deux voyelles. Rosa [rosa].

VOYELLE EN LATIN	e	u	au	ae	
Phonétique	[e]	[u]	[a] + [u]	[a] + [e]	
CONSONNE EN LATIN	c	g	s	v	j
Phonétique	[k]	[g]	[s]	[w]	[j]

2 – Timide : ....

....

....

3 – *Romani Sabinas rapiunt :* ....

....

Sabinae Romanos timent : ....

....

- ....

....

....

- Roman(i) ....

Roman(os) ....

LE COMBAT DES HORACES ET DES CURIACES

Romulus a fondé Rome. Il a établi une monarchie dont il est le premier roi. Après lui règnent successivement trois rois sabins. C'est sous le règne du deuxième, Tullus Hostilius dit le belliqueux, que prend place le célèbre combat des Horaces et des Curiaces.

« Ce roi, plus belliqueux que Romulus, était persuadé que Rome se mourait dans la paix. Il cherchait partout l'occasion de rallumer la guerre ; et il déclara la guerre à Albe. Le chef des Albains s'adresse alors à Tullus en ces termes : "Trouvons un moyen de décider qui aura l'autorité sans infliger aux deux peuples de lourdes pertes ni faire couler des flots de sang".

Le hasard voulut qu'il y eût alors dans chacune des deux armées trois frères, entre lesquels il n'y avait pas une grande différence d'âge ni de force. C'était les Horaces et les Curiaces. De quelle nation étaient les Horaces ? De laquelle étaient les Curiaces ? Il semble que les Romains portaient le nom d'Horaces. Les rois proposent aux frères de tirer l'épée pour leur patrie respective : les Horaces pour les Romains et les Curiaces pour les Albains. Un traité entre Rome et Albe stipule que la nation dont les champions seront vainqueurs en ce combat exercera sur l'autre une autorité incontestée.

Le traité conclu, les frères, comme il était convenu, prennent leurs armes et s'avancent au milieu de la ligne. On donne le signal et comme deux bataillons, les six jeunes gens vont à l'offensive, concentrant en eux le courage de deux grandes armées. Dès le premier choc, le cliquetis des armes, l'éclair des épées firent passer un grand frisson dans l'assistance. Quand la mêlée fut engagée, ce ne furent pas seulement des corps en mouvement, des épées et des boucliers brandis qui s'offrirent à leur vue, mais bien des blessures et du sang : les trois Albains étaient blessés, tandis que deux Romains s'abattaient mourant l'un sur l'autre. Leur chute fit pousser des cris de joie à l'armée albaine ; les légions romaines tremblaient pour leur unique champion que cernaient les trois Curiaces. Afin de les combattre séparément, il prit la fuite, en se disant que chaque blessé le poursuivrait dans la mesure de ses forces. Et il tua l'un après l'autre chacun des trois Curiaces blessés.

Les Romains accueillent Horace avec des cris de joie et de reconnaissance. Ce qui redoublait leur allégresse, c'est que la situation avait été presque désespérée. »

D'après Tite-Live, *Histoire de Rome*, I, 22-24.

VOCABULAIRE

1- Définissez les mots ci-contre.
2- Soulignez dans le troisième paragraphe les mots appartenant au champ lexical du combat.
3- Expliquez le sens de ces expressions latines passées dans la langue française.

1- • Belliqueux : ....

....

• Champion : ....

....

3- • Primo : ....

• A priori : ....

• Bis : ....

• Illico : ....

• In extremis : ....

L'EXPRESSION DU TEMPS

A L'ORDRE CHRONOLOGIQUE

Remettez dans l'ordre chronologique les différentes étapes du combat des Horaces et des Curiaces ; écrivez dans les ronds le numéro des phrases dans l'ordre des différentes étapes sachant que votre récit commence par la phrase 4 et se finit avec la phrase 3.

1. Le signal est donné : les six jeunes gens entament le combat.
2. Dans la mêlée, les trois Albains sont blessés tandis que les deux Romains tombent morts.
3. Les Romains accueillent leur vainqueur avec des cris de joie.
4. Tullus Hostilius, troisième roi des Romains après Romulus, déclare la guerre aux Albains.
5. On désigne dans chacun des deux camps trois frères : les Horaces seront les champions des Romains ; les Curiaces les champions des Albains.
6. Il tue successivement les trois Curiaces.
7. Horace est le seul champion restant pour affronter les trois Albains ennemis.

..... 4. .... ( ) .... ( ) .... ( ) .... ( ) .... ( ) .... 3. ....▶

B LE RÉCIT AU PASSÉ SIMPLE

Le passé simple est le temps du récit. Il permet de raconter des événements qui se succèdent les uns à la suite des autres : la fin d'une action marque le début de l'action suivante.

Réécrivez au passé simple les phrases précédentes, dans l'ordre que vous avez établi sur votre frise.

Tullus Hostilius, troisième roi des Romains après Romulus, déclara la guerre aux Albains.

....

....

....

....

....

....

C LA DATE - LA SUCCESSION - LA DURÉE - LA RÉPÉTITION

Complétez le texte ci-contre à l'aide des mots suivants :
• duré • répétition • succédés
• date.

• On admet que - 753 est la .... de la fondation légendaire de Rome.
• La monarchie romaine a .... de - 753 à 509 av. J.-C.
• La légende veut que sept rois se soient .... au cours de la monarchie romaine : d'abord un roi latin, Romulus, puis trois sabins, et enfin trois rois étrusques.
• La monarchie romaine est marquée par la .... des guerres qui opposèrent les Romains à leurs voisins.

D ANTÉRIORITÉ - SIMULTANÉITÉ / CONTEMPORANÉITÉ - POSTÉRIORITÉ

Observez la frise de la p. 59 puis complétez les phrases à l'aide des adjectifs suivants :
• antérieurs (avant, devant)
• contemporains • postérieures (après, derrière).

• Le Grec Homère raconte dans l'*Iliade* et l'*Odyssée*, les épisodes de la guerre de Troie qui sont .... à ceux de la fondation de la monarchie romaine.
• Tite-Live dans son premier livre de *L'Histoire de Rome* rapporte des événements .... de la monarchie romaine : l'enlèvement des Sabines, le combat des Horaces et des Curiaces.
• Quant à Virgile, il retrace dans *L'Énéide* le périple du Troyen Énée. Dans l'épisode des amours d'Énée et de Didon, le poète annonce les guerres puniques qui sont .... à la monarchie romaine.

LA GUERRE DES GAULES

LE SIÈGE D'ALÉSIA

« La place d'Alésia était au sommet d'une hauteur, en sorte qu'elle apparaissait imprenable autrement que par blocus.

César fait creuser deux *fossés*. En arrière, il élève un *remblai* et une *palissade* de deux pas, garnie de grandes *fourches de bois*. Il élève sur le remblai des *tours* distantes de seize pas. En avant des deux fossés, se trouvaient cinq rangs de *branches d'arbres* taillées en pointes ; ceux qui s'y engageaient s'empalaient d'eux-mêmes sur ces pieux très aigus. Par devant, il y avait huit rangées de *pieux de bois* gros comme la cuisse, fichés au fond d'un trou, leur pointe, aiguisée au feu, dressée vers le haut. »

D'après César, *La Guerre des Gaules*, livre VII.

1– À l'aide de votre manuel d'histoire, dites par quel mot l'expression soulignée pourrait être remplacée.

2– Où se situe Alésia ?

3– Qui est à l'origine des fortifications d'Alésia ? Quel est le but recherché ?

4– Relisez très attentivement le texte puis utilisez les mots en italique pour compléter le schéma ci-dessous.

1– ....

2– ....

....

3– ....

....

Les fortifications devant Alésia

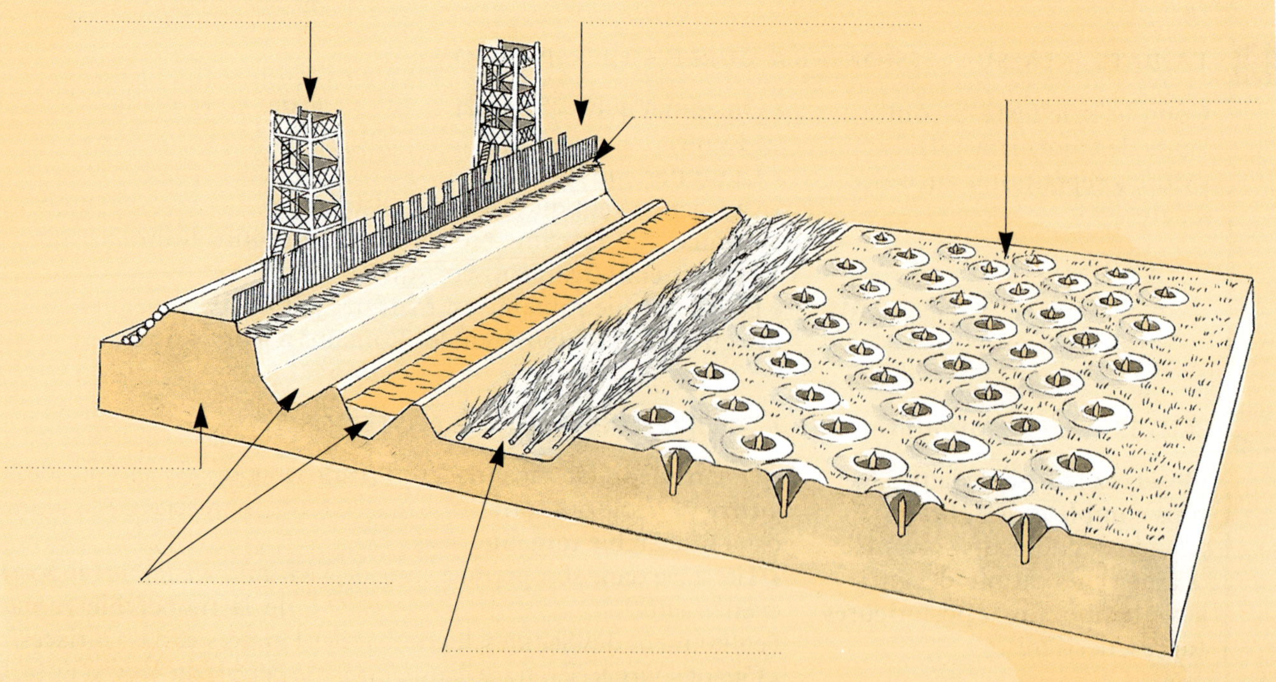

Vercingetorix se rend à César

Vercingétorix enfermé dans Alésia est assiégé par César.

« Vercingétorix convoque l'assemblée des Gaulois : il déclare que cette guerre n'a pas été entreprise par lui pour son intérêt personnel, mais pour conquérir la liberté de tous ; il s'offre à eux : ils peuvent à leur choix, apaiser les Romains, par sa mort ou le livrer vivant. On envoie à ce sujet une députation à César.

Il ordonne qu'on lui remette les armes, qu'on lui amène les chefs des cités. On lui livre Vercingétorix, on jette les armes à ses pieds. Il distribue les prisonniers à l'armée entière, à titre de butin, à raison d'un par tête. »

D'après César, *La Guerre des Gaules*, livre VII.

A LES ACTEURS

1– Qui est Vercingétorix ?

2– Par qui a-t-il été vaincu ?

3– À l'aide de votre manuel d'histoire ou d'un dictionnaire, utilisez les mots proposés pour compléter la biographie de César :
- général
- Gergovie
- César
- Ier siècle av. J.-C.
- patricienne
- Alésia
- consul
- Vercingétorix
- 44 av. J.-C.
- pouvoir
- conquête de la Gaule
- 58 av. J.-C.
- roi.

1– ....

2– ....

3–
« .... est un .... romain du ....

Né dans une famille ...., il gravit les échelons de la "carrière des honneurs" (*cursus honorum*) : questeur (- 69) puis édile (- 66) et prêteur (- 63), il est élu .... en -59.

En ...., profitant de la rivalité entre les peuples gaulois, il entreprend la ....

Il se heurte à ...., jeune chef gaulois qui lui inflige des défaites (ex. : ....). Mais César est vainqueur à .... La reddition de Vercingétorix permet l'annexion de la Gaule et augmente la gloire de César.

En 48 av. J.-C., César prend le pouvoir à Rome. Accusé de vouloir devenir........., il est assassiné en .... »

B L'ARMÉE ROMAINE

1– Comment appelle-t-on l'armée romaine ?

....

2–

2– Placez sur le croquis ci-contre :
- la cuirasse
- le javelot
- le casque
- les sandales
- le glaive
- le bouclier.

3– Que signifie le sigle « S.P.Q.R. » inscrit sur l'enseigne ?
- D'après ce sigle, rappelez le type de régime politique de Rome au temps de César.

3– ....

....

• ....

LA VILLE DE ROME OU L'URBS

1– En latin, ville se dit *urbs, urbis.* À l'aide de votre dictionnaire, recherchez les mots, qui en français, commencent par la racine « urb- ».

2– Rome est aujourd'hui la ville de la papauté ; qu'appelle-t-on le « urbi et orbi » prononcé par le pape chaque année le jour de Pâques ?

3– Lisez attentivement les définitions proposées puis identifiez les représentations.

1– ....

....

2– ....

....

3–

- **Colonne** Monument érigé en l'honneur d'un homme et de ses exploits (ex. : la colonne de Trajan).
- **Thermes** Bains publics des Romains (ex. : les thermes de Caracalla).
- **Temple** Édifice élevé en l'honneur des dieux ; il s'inspire de l'architecture grecque avec son fronton et ses colonnes.
- **Théâtre** Lieu, reconnaissable par ses gradins en hémicycle, où l'on jouait des pièces, généralement d'auteurs grecs.
- **Amphithéâtre** ou **Arènes** Bâtiment à gradins de forme elliptique (légèrement ovale) où avaient lieu les combats de gladiateurs (ex. : le Colisée).
- **Arc de triomphe** Édifice construit pour la gloire d'un homme et rappeler ses exploits.
- **Domus** Maison romaine traditionnelle.
- **Cirque** ou **Hippodrome** Sorte de stade entouré de gradins où se déroulaient les courses de chars.
- **Insula** Immeuble à loyers.
- **Aqueduc** Canal permettant de capter et d'amener l'eau d'un lieu à un autre.

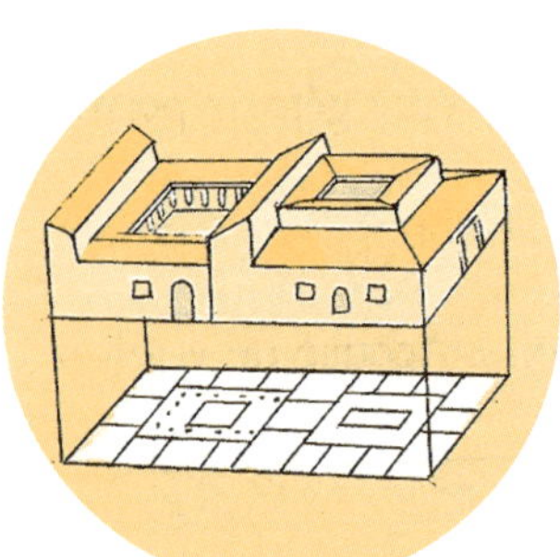

• ....

• ....

• ....

• ....

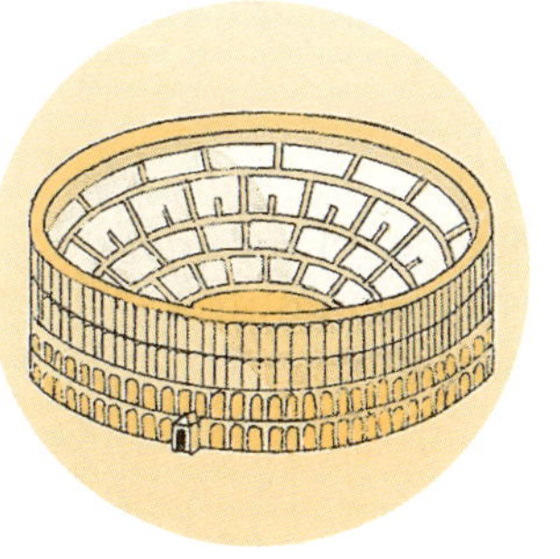

• .... • .... • ....

• .... • .... • ....

AUTOUR DU MOT HIPPODROME

1– Observez la racine « hippo ». Quelle est son origine ?
• Quelle est sa signification ?

2– Qu'est-ce qu'un hippodrome ?

3– Quelle est la racine étymologique du mot équitation en français ?
• Définissez ce mot.
• Cherchez l'adjectif dérivé correspondant.

4– Quelle est la racine étymologique du mot cheval ?
• Proposez des mots de la même famille.

1– ....

• ....

2– Hippodrome : ....

....

3– ....

• Équitation : ....

....

....

• ....

4– ....

• ....

....

....

LA ROMANISATION DES PROVINCES ROMAINES

Recherchez et recopiez la définition du mot romanisation.

Romanisation : ....

....

LA ROMANISATION DES BRETONS

« **Pour que les Bretons, peuple barbare, s'habituent à la paix, le gouverneur de Bretagne aida les collectivités à édifier des temples, des forums, des maisons. De plus, il fit instruire les fils de chefs, si bien que, après avoir dédaigné Rome, ils se passionnèrent pour sa culture. Ils en vinrent même à apprécier notre costume et souvent, à porter la toge. Puis, ils se laissèrent séduire par la flânerie dans les rues, les bains, les festins raffinés...** »

D'après Tacite (env. Ier s. ap. J.-C.), *Vie d'Agricola.*

A L'INTÉGRATION DES POPULATIONS

1- Recherchez dans votre manuel d'histoire ce que veut dire barbare pour les Romains.

2- Comment appelle-t-on aujourd'hui ceux que les Romains désignaient sous le nom de Bretons ?

3- Recherchez ce qu'est un forum ; développez votre réponse.

4- Soulignez dans le texte, les deux moyens mis en œuvre par le gouverneur de Bretagne pour romaniser les Bretons.

5- **Observez le plan puis répondez aux questions.**
Quelle est la caractéristique du tracé des rues d'une ville romaine ?
- Quel est le nom de la voie principale qui traverse la ville du nord au sud ? Celle qui va d'est en ouest ?
- Quels sont les monuments romains présents dans cette ville ?

1 – Barbare : ....

....

2 – ....

3 – ....

....

....

....

5 – ....

• ....

....

Plan de Nîmes

• ....

....

....

....

....

....

....

6 – Utilisez les informations issues de l'étude du texte et celles du plan pour rayer en rouge les affirmations fausses.

« La romanisation des provinces conquises par Rome s'est effectuée par le développement du latin, l'usage du grec, l'enseignement des élites, le sport, la construction de monuments romains, le développement des divertissements et du mode de vie romains, l'essor de l'esclavage, l'introduction de la religion romaine. »

B LES TRACES DE ROMANISATION EN EUROPE OCCIDENTALE

1 – Donnez à l'aide de la carte quelques exemples de villes de France existant déjà sous l'Empire romain.

....

....

....

....

....

....

La Gaule romaine

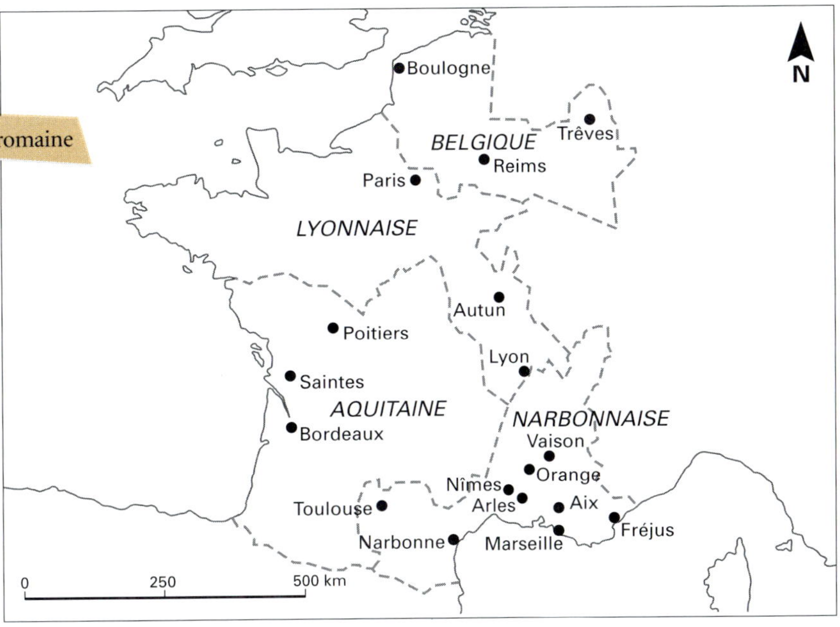

2 – Quelles étaient les quatre provinces de la Gaule romaine ? Coloriez-les avec quatre couleurs de votre choix.

2 – ....

C LES LANGUES ROMANES

1 – Cherchez l'étymologie latine du mot vulgaire ; précisez sa signification.

2 – Cherchez des mots de la même famille que vulgaire ; définissez-les.

3 –

Les langues romanes sont issues du latin vulgaire.
Le latin vulgaire est la langue que les commerçants, les soldats et les fonctionnaires romains ont importée dans les pays qu'ils ont conquis.
Il a subi l'influence des langues de ces pays et ainsi, sont nées les langues romanes parmi lesquelles le français, l'espagnol, l'italien et le portugais.

• À l'aide de dictionnaires bilingues que vous consulterez au C.D.I., cherchez les différentes traductions du mot cheval .

1 – Vulgaire : ....

....

....

2 – ....

....

....

....

....

3 – Cheval
- (italien) : ....
- (espagnol) : ....
- (portugais) : ....

QUELQUES ASPECTS DE LA CIVILISATION ROMAINE

DE LA RECHERCHE DOCUMENTAIRE AU PETIT EXPOSÉ ORAL

Choisissez un sujet de recherche sur la vie quotidienne des Romains parmi les trois proposés ci-contre. Documentez-vous au C.D.I pour faire devant vos camarades un petit exposé de quelques minutes.

- En quelques phrases, vous présenterez à vos camarades les détails amusants, curieux et originaux que vous avez découverts.
- Les dessins, les illustrations, même les maquettes ou tout autre objet que vous pourrez fabriquer, seront les bienvenus.

LES REPAS

Combien de repas les Romains prennent-ils par jour ? Comment les prennent-ils ? Quelle vaisselle utilisent-ils ? Que mangent-ils ? Recherchez des recettes et tentez de les réaliser.

L'ÉCOLE

Les lieux, le déroulement des cours, le matériel utilisé...Vous pouvez, à l'aide de pâte à modeler posée sur une planchette et d'une aiguille à tricoter, représenter une tablette et son stylet.

LES VÊTEMENTS ET LES PARURES

Les vêtements masculins / féminins - des patriciens / plébéiens / esclaves - les coiffures - les bijoux. L'un d'entre vous peut s'habiller et se coiffer à la mode romaine pour mieux illustrer ses explications devant ses camarades.

ÉLÉMENTS DE CIVILISATION

A LA MAISON ROMAINE

Observez attentivement la vue en perspective de la maison romaine puis complétez-la à l'aide du plan de la page suivante.

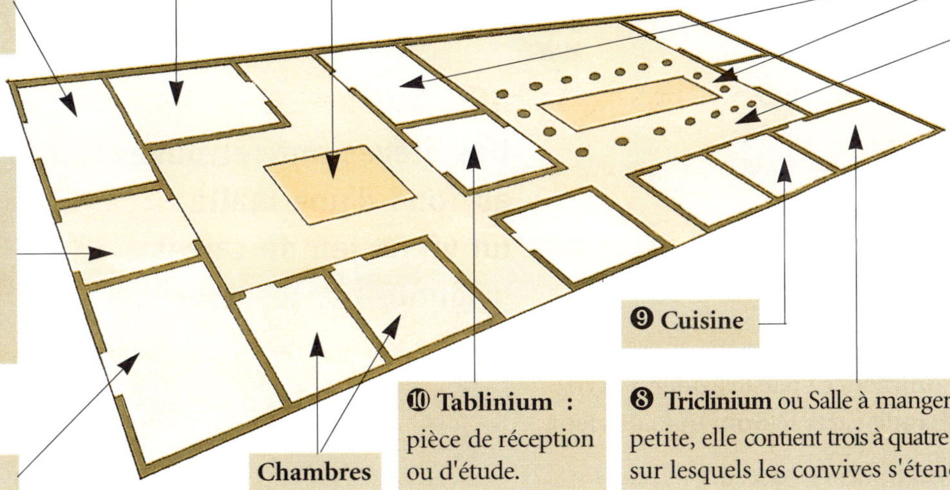

B LES OBJETS DU QUOTIDIEN

Retrouvez au C.D.I.
des illustrations des objets
suivants et dessinez-les
le plus soigneusement possible.

Amphore

Lampe à huile

Lit de table

Mosaïque
Cave canem, attention au chien !

Siège

Prenez la plume

Un Romain vous offre l'hospitalité.
Vous découvrez sa maison et partagez ses habitudes pendant quelques jours. Vous écrivez une lettre à votre famille ou à un ami : vous décrivez les pièces, les objets et les habitudes de vie de votre hôte qui vous ont surpris ou amusé.

Vous réutiliserez les documents sur la maison romaine et les objets de décoration ainsi que les informations que vos camarades vous ont communiquées dans les trois exposés sur la vie quotidienne des Romains. Vous emploierez un vocabulaire précis et vous serez attentifs à l'expression du lieu.

Devenez artiste

Réalisez la mosaïque *Cave cavem* à l'aide de petits papiers colorés découpés en petits carrés et collés sur une feuille de Canson 21 x 29,7.

Demandez conseil à votre professeur d'arts plastiques.

JEUX

1. Le jeu des familles

Des élèves ont retrouvé au fond d'une malle un vieux jeu de cartes grignoté par les souris.

1. Commencez par les aider à écrire sur chaque carte le nom qui convient.

• Vercingétorix • Mercure • Insula • Voie romaine • Aqueduc • Légionnaire • Amphithéâtre • Gladiateur • Les Horaces et les Curiaces • L'enlèvement des Sabines • Masque • Dédale et Icare • Magistrat • Hippodrome • Amphore • La Louve • César • Atrium • Thermes • Les orgies • Cirque.

2. Entourez ou coloriez le fond des cartes selon leur famille.

vert	« La République romaine et la conquête de la Gaule »
bleu	« les dieux et héros romains »
rouge	« les monuments romains »
jaune	« Divertissements et aspects de la vie quotidienne à Rome »

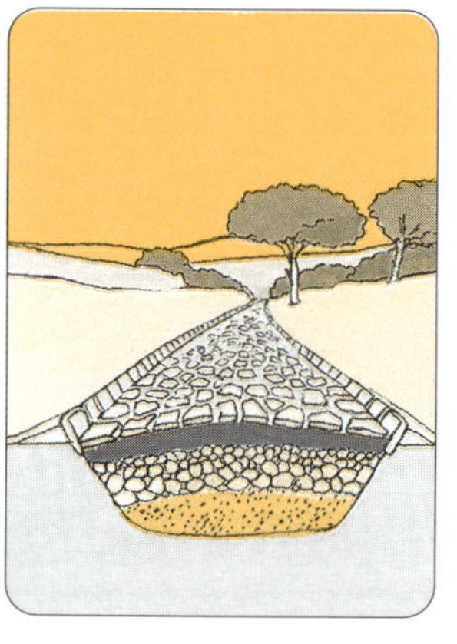

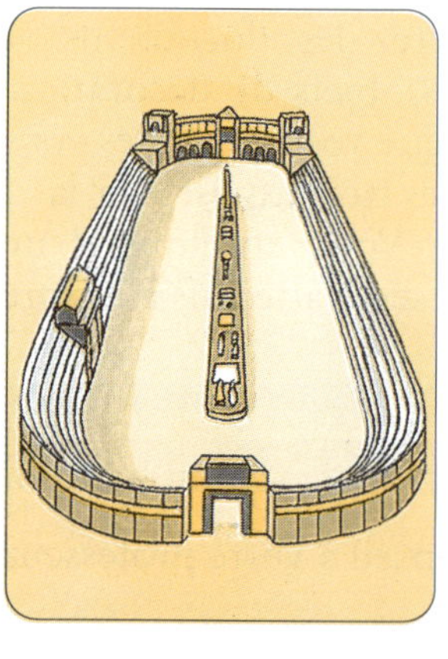

JEUX

Pour aller
UN PEU PLUS LOIN...

Lecture

- UDERZO et GOSCINNY, *Les aventures d'Astérix le Gaulois,* Dargaud.
- J. MARTIN, *Alix,* Casterman.
- GIORDO, *L'espion de César,* Paris, Hatier.
- WEULERSSE (Odile), *Tumulte à Rome,* Paris, Hachette, 1994.
- WINTERFELD (Henry), *L'affaire Caïus,* Paris, Hachette, Aventure verte, 1990.
- WALLACE (Lewis), *Ben-Hur,* Hachette, Aventure verte, 1992.
- LYTTON (Bulwer), *Les derniers jours de Pompéi,* Hachette, Aventure verte.
- FEYEL (Gilles) et BESNIER (Martine), *Les Romains,* Paris, Hachette, 1994.
- *« L'eau dans la ville romaine, les aqueducs »,* B.T., octobre 1989, n°1011.

Visites

Le département romain du musée du Louvre.
Les vestiges d'anciennes villes gallo-romaines : Orange, Nîmes, Lyon, Paris,…

Films

- *Ben-Hur* de William Wyler, 1959.
- *Quo Vadis* de M. Le Roy avec Robert Taylor et Deborrah Kerr.

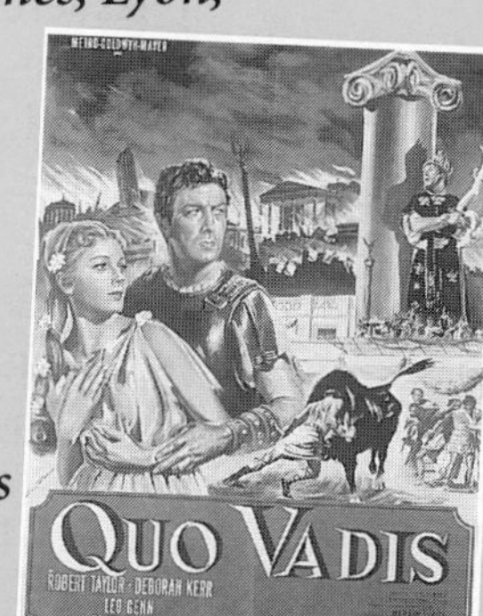

Affiche du film *Quo vadis* de Melvin Le Roy

PREMIER CONTACT AVEC LE CHRISTIANISME

L'*Ancien Testament* raconte que Yahvé passe une alliance avec les Hébreux, le peuple élu.
Le *Nouveau Testament* rappelle que Dieu envoie aux hommes son Fils Jésus-Christ pour les sauver.
Le christianisme est la religion de ceux qui croient en Jésus-Christ. Elle s'appuie sur l'*Ancien* et le *Nouveau Testament.*

LES SYMBOLES DU CHRISTIANISME

À l'aide des explications proposées indiquez sous chaque dessin la bonne légende.

A La croix symbolise la mort et la résurrection du Christ.

B Le poisson permettait aux chrétiens de se reconnaître ; en effet, le mot poisson en grec, ICHTUS, est formé des premières lettres d'une phrase qui signifie en grec Jésus Christ fils de Dieu sauveur (Jesou Christos Théou Uios Sôter).

C Le chrisme est formé des lettres khi (X) et rhô (P) ; ces majuscules grecques sont les premières lettres du mot Christ ; les lettres alpha (α)et omega (Ω) signifient que le Christ est à l'origine et à la fin de toute chose.

D Le bon pasteur rappelle que le Christ, berger de son troupeau, ne veut laisser perdre aucune de ses brebis .

☐

☐

☐

☐

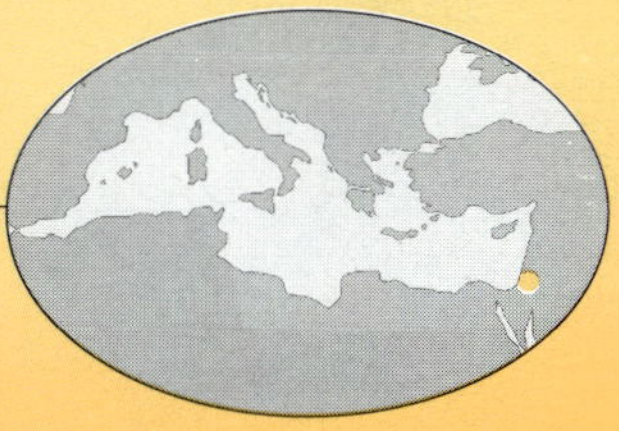

LE NOUVEAU TESTAMENT

1– À l'aide de votre dictionnaire, reliez les mots ci-contre à leur définition.

2– Les Évangélistes ont chacun leur attribut. Recherchez-les de manière à identifier les quatre représentations ci-dessous.

....

....

....

....

3– Observez les représentations d'apôtres ci-contre. Repérez leurs attributs et tentez de les nommer en choisissant parmi la liste suivante : saint Thomas, saint Jean l'Évangéliste, saint Pierre, Judas, saint Matthieu, saint André.

1–

Apôtres ❑

Épître ❑

Évangélistes ❑

Nouveau Testament ❑

Évangile ❑

❑ Écrit en forme de lettre exposant et expliquant l'enseignement de Jésus (ex.: les Épîtres de saint Paul ou de saint Pierre).

❑ Du latin *apostolus*, « envoyé », douze premiers disciples de Jésus, choisis par lui pour répandre son message.

❑ (« Bonne Nouvelle » en grec), message de Jésus.

❑ Auteurs des quatre Évangiles (Marc, Matthieu, Luc et Jean).

❑ Seconde partie de la Bible chrétienne qui se compose des quatre Évangiles, des Actes des apôtres, des Épîtres et de l'Apocalypse.

3–

Nom : ....

Attributs : ....

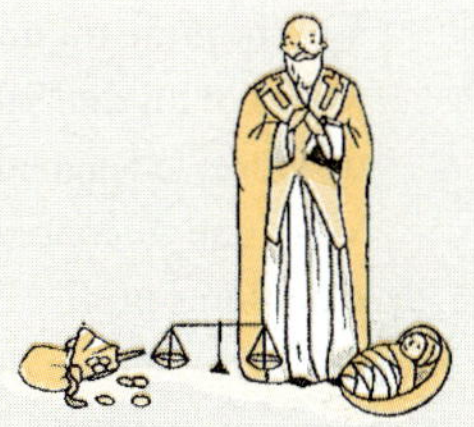

Nom : ....

Attributs : ....

Nom : ....

Attributs : ....

Nom : ....

Attributs : ....

Nom : ....

Attributs : ....

Nom : ....

Attributs : ....

LA VIE DE JÉSUS

LA VIE DE JÉSUS RYTHME LA FOI DES CHRÉTIENS

1– Recherchez dans votre dictionnaire la signification de ces fêtes chrétiennes.

2– Lisez les extraits ci-dessous puis donnez à chacun d'entre eux le titre correct en choisissant parmi la liste proposée :
• Annonciation • Ascension
• Noël • la Cène ou institution de l'Eucharistie • Pâques
• Pentecôte.

1– • Annonciation : ....

....

• Noël : ....

....

• Ascension : ....

....

• Pâques : ....

....

• Pentecôte : ....

....

2–

A

....
(25 mars) :

«L'ange Gabriel fut envoyé par Dieu à une vierge fiancée à un homme du nom de Joseph, Marie. Il lui dit "Salut, comblée de grâce, le Seigneur est avec toi. Voici que tu concevras et enfanteras un fils, et tu lui donneras le nom de Jésus. L'enfant sera appelé Fils de Dieu. »

(Luc, I, 26-34)

B

....
(25 décembre) :

« En ces jours-là parut un édit de César Auguste, ordonnant le recensement de toute la terre ; tous allaient se faire inscrire, chacun dans sa ville. Joseph, quittant la ville de Nazareth en Galilée, monta en Judée, à la ville de David, appelée Bethléem, afin de s'y faire inscrire avec Marie, sa fiancée, qui était enceinte. Or, pendant qu'ils étaient là, le temps où elle devait enfanter se trouva révolu. Elle mit au monde son fils premier-né, l'enveloppa de langes et le coucha dans une crèche. »

(Luc, II, 1-8)

C

....
(le jeudi qui précède Pâques) :

« Jésus prit le pain et après avoir prononcé la bénédiction, il le rompit et le leur donna en disant : "Prenez, ceci est mon corps". Puis prenant une coupe, il rendit grâce et la leur donna. Il leur dit : "Ceci est mon sang, le sang de l'alliance qui va être répandu pour une multitude." »

(d'après Marc, XIV, 22-25)

D

....
(le dimanche suivant la pleine lune et l'équinoxe de printemps) :

« Après le jour du sabbat, les femmes vinrent visiter le tombeau. Et voila que l'Ange du Seigneur vint rouler la pierre qui le fermait. Il leur dit : "Ne craignez rien, je sais bien que vous cherchez Jésus le Crucifié. Il n'est pas ici car il est ressuscité comme il l'avait dit." »

(d'après Matthieu, XXVIII, 1-7)

E

....
(le jeudi, dix jours après Pâques) :

« Or, tandis que Jésus bénissait les apôtres, il se sépara d'eux et fut emporté au ciel. »

(Luc, XXIV, 50-52)

F

....
(le dimanche, dix jours après l'Ascension) :

« Toutes portes étant closes par crainte des Juifs, Jésus vint et se tint au milieu d'eux ; il leur dit : "Comme mon Père m'a envoyé, moi aussi je vous envoie. Recevez l'Esprit Saint." »

(Jean, XX, 19-23).

L'ANNÉE LITURGIQUE

1– L'année chrétienne comprend d'autres moments importants. Reliez chacun d'entre eux à ce qu'il célèbre.

2– **Le calendrier chrétien**

- Utilisez les informations obtenues au cours des exercices pour compléter la frise ci-dessous, en plaçant le nom des principaux moments de l'année chrétienne.
- Coloriez en violet le temps de l'Avent et du Carême.
- Indiquez dans le cercle qui convient le numéro correspondant au Mercredi des Cendres (1), à la Cène ou Jeudi Saint (2), au Vendredi Saint (3) et aux Rameaux (4).
- Coloriez en bleu les fêtes en l'honneur de Marie.

1–

Avent ❑

Épiphanie (6 janvier) ❑

Mercredi des Cendres ❑
(40 jours avant Pâques)

Carême ❑

Les Rameaux ❑
(dimanche avant Pâques)

Vendredi Saint ❑

Assomption (15 août) ❑

Toussaint (1er novembre) ❑

❑ Manifestation du Christ aux Mages venus l'adorer.

❑ Début de l'année liturgique ; ensemble des 4 dimanches qui préparent à Noël.

❑ Période de 40 jours consacrée à la préparation de la célébration de la Résurrection ; les fidèles sont invités à la pénitence par l'abstinence, le jeûne, la prière et l'aumône.

❑ Entrée de Jésus à Jérusalem.

❑ Jour de la Passion et de la mort du Christ.

❑ Fête des saints.

❑ Premier jour de Carême.

❑ Montée de Marie au ciel.

2–

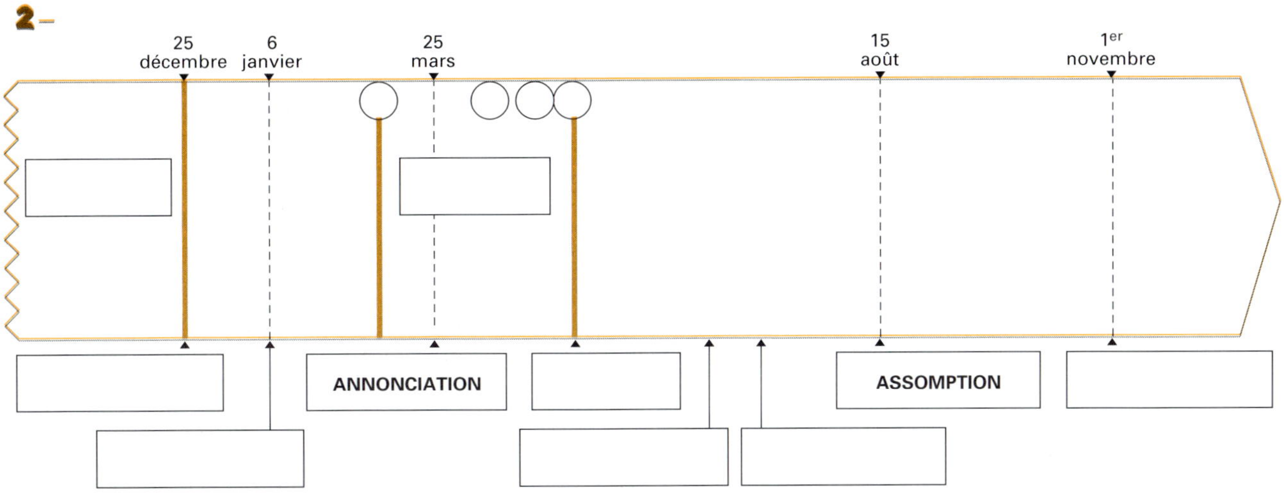

LA VIE DE JÉSUS ILLUSTRÉE PAR LES ARTISTES

Observez attentivement les représentations ci-dessous. Donnez leur un titre et précisez le nom des personnages.

Titre ....
....

Titre ....
....

Titre ....
....

L'EXPANSION DU CHRISTIANISME

LE NOUVEAU TESTAMENT, SUPPORT DU MESSAGE DE JÉSUS

• À l'aide de votre manuel d'histoire ou d'un dictionnaire, reliez chaque mot à sa définition.

• Entourez :
– en bleu le vocabulaire concernant les écrits et la foi des chrétiens.
– en rouge celui se rapportant aux personnes qui ont accueilli ou diffusé le christianisme
– en vert le vocabulaire des lieux où le christianisme s'est enseigné et développé.

Apôtres ❑

Baptême ❑

Basilique ❑

Catacombes ❑

Chrétien ❑

Credo ❑

Église ❑

Épître ❑

Eucharistie ❑

Évangélistes ❑

Évangile ❑

Martyr ❑

Nouveau Testament ❑

❑ Du latin *baptisma*, « immersion » ; cérémonie par laquelle un homme devient chrétien.

❑ Du latin *apostolus*, « envoyé » ; douze premiers disciples de Jésus, choisis par lui pour répandre son message.

❑ Église chrétienne construite sur le plan des basiliques romaines (édifice rectangulaire à plusieurs nefs terminé par un hémicycle).

❑ Personne dont la religion est le christianisme, c'est-à-dire qui croit au Christ vivant, appelé messie.

❑ Galeries souterraines où les premiers chrétiens enterraient leurs morts et se réunissaient en cachette pour éviter les persécutions comme celles de Néron en 64 ou celles qui eurent lieu à Lyon en 177.

❑ Du latin *credo*, « je crois », prière qui résume la foi du chrétien, ce en quoi il croit.

❑ Écrit en forme de lettres qui expose et défend l'enseignement de Jésus (ex. : les Épîtres de saint Paul ou de saint Pierre).

❑ Du latin *eclesia*, « assemblée » ; désigne le rassemblement des chrétiens.

❑ Célébration du dernier repas de Jésus ; la plupart des communautés chrétiennes reconnaissent le corps et le sang du Christ dans le pain et le vin qui sont consacrés pendant la messe.

❑ « Bonne Nouvelle » en grec ; message de Jésus.

❑ Auteurs des quatre Évangiles (Marc, Matthieu, Luc et Jean).

❑ Seconde partie de la Bible chrétienne qui se compose des quatre Évangiles, des Actes des apôtres, des Épîtres et de l'Apocalypse.

❑ Du latin « témoin », personne qui meurt pour sa foi au Christ.

LA DIFFUSION DU CHRISTIANISME

1–

Répondez aux questions ci-dessous à l'aide de votre manuel d'histoire.

1– Coloriez sur la frise, avec des couleurs différentes, les trois grandes périodes du début du christianisme.

2– Par qui l'édit de Milan a-t-il été publié ? Quel changement apporte-t-il ?

3– Quand le christianisme est-il devenu la religion officielle de l'Empire ?

4– Cherchez et recopiez la définition de persécution.
• Donnez deux exemples de persécutions célèbres de chrétiens sous l'Empire.

5– Dites pourquoi le christianisme était persécuté.

6– Recherchez qui est saint Paul et rédigez sa biographie en quelques lignes.

2– ....

....

3– ....

4– Persécution : ....

....

• ....

....

5– ....

....

....

....

6– ....

....

....

LE CADRE SPATIAL

Complétez la carte ci-contre en utilisant les couleurs de votre choix.
Complétez la légende.

- Voyages de saint Paul
- Régions christianisées au Iᵉʳ siècle
- Régions christianisées entre le IIᵉ et le IVᵉ siècle
- Limite de l'Empire romain au IVᵉ siècle

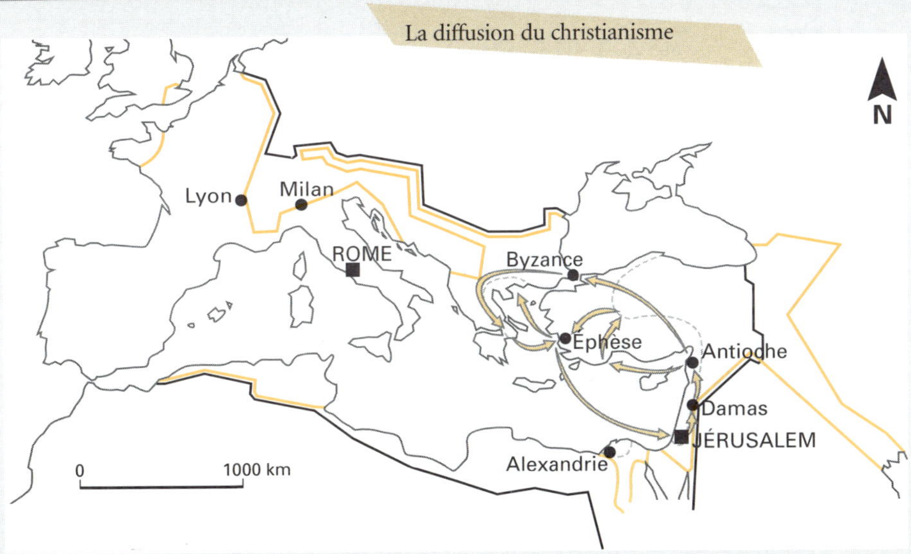

JEUX

1. Mots cachés

Retrouvez et entourez en bleu les vingt-sept mots relatifs à la naissance du christianisme qui se cachent dans la grille. Attention, ils peuvent se lire dans tous les sens : de haut en bas ou de bas en haut, de gauche à droite ou de droite à gauche et même en diagonale ! Une même lettre peut servir plusieurs fois.

C	A	T	A	C	O	M	B	E	S	R	E	P	É	R	É
H	È	P	R	I	E	R	G	M	A	R	I	E	P	P	V
R	O	N	L	U	C	L	J	É	S	U	S	N	Î	E	A
É	N	A	E	J	I	E	R	T	Ô	P	A	T	C	M	N
T	I	R	P	S	E	T	N	I	A	S	R	E	A	Ê	G
I	X	M	E	S	S	I	E	U	E	E	Y	C	R	T	I
E	I	N	É	R	O	N	L	Ë	O	N	T	Ô	Ê	P	L
N	O	I	T	U	C	É	S	R	E	P	R	T	M	A	E
S	R	B	A	S	I	L	I	Q	U	E	A	E	E	B	S
T	C	A	S	C	E	N	S	I	O	N	M	A	R	C	O

2. Faites le bon choix

Aidez-vous de vos connaissances pour donner un titre aux dessins ci-contre. Ils illustrent obligatoirement l'un des mots de la grille ci-dessus.

....

....

....

JEUX

3. LE JEU DES ERREURS

Utilisez vos connaissances pour entourer la bonne réponse.

Le christianisme apparaît au (1er siècle av. J.-C. / 1er siècle) de notre ère en Palestine, territoire (égyptien / juif) occupé et administré par les (Romains / Grecs).

Le christianisme est une religion (polythéiste / monothéiste). Il est l'adhésion au message de Jésus-Christ.

Jésus (fils de Dieu /fils de Mahomet) n'est pas reconnu comme le Messie par les Juifs qui l'ont livré à (Pilate /César) et qui est mort (par pendaison / sur une croix).

Après la mort et la Résurrection de Jésus, aujourd'hui fêtée à (Pâques / Noël), les disciples du Christ, en particulier (les prophètes / les apôtres), les évangélistes (ex. : Saint Pierre / ex. : Saint Marc) et saint Paul diffusent son message.

Peu à peu, le christianisme gagne l'ensemble de la (République romaine / l'Empire romain).

(Tout de suite autorisé / D'abord persécuté) il devient la religion officielle en (392 / 476) et restera après les invasions barbares du (Ve / IIe) siècle l'élément d'unité du Moyen Âge occidental.

....

....

....

Pour aller
UN PEU PLUS LOIN...

Lecture

- ***La Bible*** et en particulier les Évangiles.
- SIENKIEWICZ (Henryk), ***Quo vadis...***, Hachette, Aventure verte, 1990.
- WEULERSSE (Odile), ***Le serment des catacombes***, Paris, Hachette.

Visites

Vous pouvez visiter les églises, en particulier les églises romanes de la Bourgogne (Autun, Vézelay,...), les cathédrales (Paris, Bourges, Chartres, Reims,...), les abbayes (Cluny, le Thoronet, Sénanque,...).

Films

- ***Jésus de Nazareth*** de Franco Zefirelli
- ***Quo Vadis*** de Melvin Le Roy

Scène du film *Quo vadis* de Melvin Le Roy

Scène du film *Jésus de Nazareth* de Franco Zefirelli

En guise de conclusion

L'héritage antique dans la culture française

L'Antiquité a fortement influencé la civilisation occidentale. Observez les vignettes ci-dessous. Entourez en bleu ce qui a été influencé par l'Égypte, en vert l'héritage gréco-romain et en jaune l'héritage judéo-chrétien.

Fauteuil « empire » (XIXe siècle)

Moïse, d'après Michel-Ange (XVIe siècle)

L'Église d'Auvers-sur-Oise d'après Van Gogh (fin XIXe siècle)

Tympan de la basilique de Vézelay (XIIe siècle)

« Dois-je les oublier, s'il ne s'en souvient plus ?
Dois-je oublier Hector privé de funérailles,
Et traîné sans honneur autour de nos murailles ?
Dois-je oublier son père à mes pieds renversé,
Ensanglantant l'autel qu'il tenait embrassé ?
Songe, songe, Céphise, à cette nuit cruelle
Qui fut pour tout un peuple une nuit éternelle. »

J. Racine, *Andromaque* (XVIIe siècle)

Frises comparatives

1 – Coloriez dans les couleurs de votre choix les frises et complétez la légende.

2 – Placez le bon événement face à sa date : pyramides de Guizeh • guerre de Troie • édit de Milan • Moïse • Cléopâtre • César • Ramsès II.

3 – Indiquez dans les parenthèses qui conviennent les dates suivantes : 70 • -735 • 476 • de -336 à -323 • VIIIe s. av. J.-C.

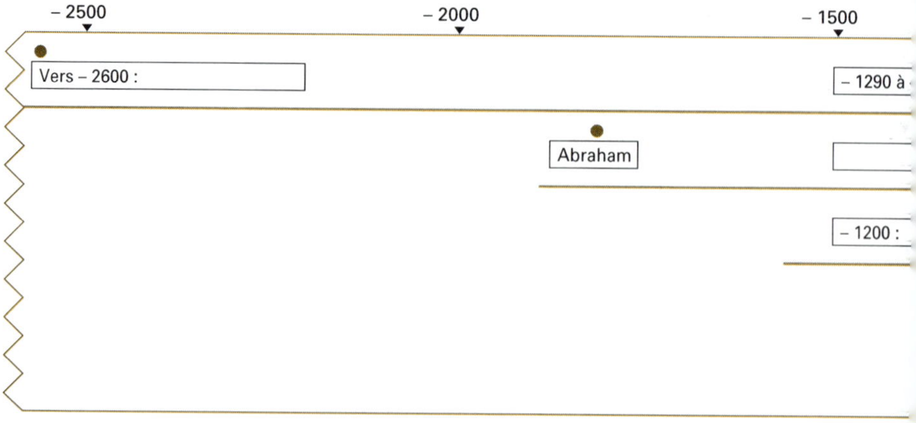

La pyramide du Louvre (XXᵉ siècle)

L'Arc de triomphe de Paris (XIXᵉ siècle)

Heureux qui, comme Ulysse, a fait un beau voyage,
Ou comme cestui-là qui conquit la toison,
Et puis est retourné, plein d'usage et raison,
Vivre entre ses parent le reste de son âge !

J. du Bellay, *Regrets, XXXI* (XVIᵉ siècle)

Façade de l'Assemblée nationale (XIXᵉ siècle)

Orphée, Gluck (XVIIIᵉ siècle)

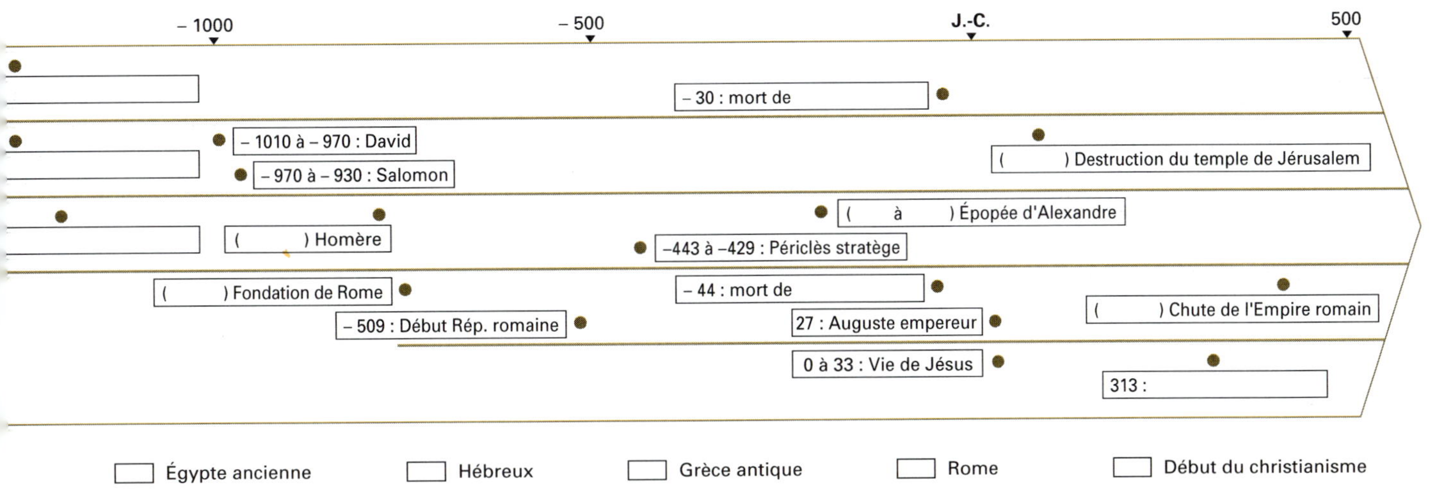

SOLUTION DES JEUX

EGYPTE

1 - Vrai ou faux

1 : V • 2 : F • 3 : V • 4 : V • 5 : F • 6 : V • 7 : V • 8 : V • 9 : V • 10 : V.

2 - Jeux des 10 erreurs

La Basse-Égypte au sud (nord) • la Haute-Égypte au nord (sud) • le Tigre (Nil) • un roi (pharaon) • monothéistes (polythéistes) • Osiris, dieu de la guerre (la vie) • Horus dieu à la tête de chacal (faucon) • Anubis à tête de faucon (chacal) • brûler (momifier) les corps • les pyramides, palais (tombeaux) des pharaons.

3 - Faites le bon choix

1 : Hiéroglyphes, 2 : Némès, 3 : Crosse ou bâton de berger (sceptre), 4 : Scribe, 5 : Anubis, 6 : Amulettes, 7 : Pyramides, 8 : Sarcophage, 9 : Fouet ou fléau (sceptre), 10 : Cobra (aureus), 11 : Pschent, 12 : Horus.

LA GRECE

1 - Qui suis-je ?

1 : Ulysse • 2 : Héraclès • 3 : Pénelope • 4 : Athéna.

2 - Faites le bon choix

1 : Une voix mélodieuse qui charme • 2 : Un point faible • 3 : Avoir une force extraordinaire • 4 : Tomber de mal en pis • 5 : Une ruse • 6 : Effectuer un travail difficile et répugnant • 7 : Passer le détroit de Gibaltrar • 8 : Un labyrinthe • 9 : Un gardien particulièrement féroce.

3 - Énigmes

1 : Hermés • 2 : Olympe • 3 : Troie • 4 : Héra • 5 : Aphrodite • 6 : *Iliade* • 7 : *Odyssée* • 8 : Grec • 9 : Héphaïstos • 10 : Homère. On trouve le mot Mythologie.

LE CHRISTIANISME

1 - Mots cachés

Catacombes • Prier • Marie • Luc • Jésus • Jean • Apôtre • Saint-Esprit • Messie • Néron • Noël • Persécution • Basilique • Ascension • Marc • Chrétiens • Noé • Croix • Pentecôte • Carême • Baptême • Évangiles • Cène • Église • Paul • Épître • Martyrs.

2 - Faites le bon choix

Persécutions • Église • Marie • Baptême • Pentecôte • Saint Paul.

3 - Jeu des erreurs

Les bonnes réponses sont :
1er siècle de notre ère • juif • Romains • monothéiste • fils de Dieu • sur une croix • Pâques • apôtres • saint Marc • l'Empire romain • d'abord persécuté • 392 • Ve siècle.

LES HEBREUX

1 - Mots croisés

HORIZONTALEMENT : I : David, Synagogue, Noé • III : Jérusalem, Diaspora • IV : Or • V : Temple, Décalogue • VII : Monothéiste • VIII : Saül • IX : Bible, Loi • X : Canaan • XI : Yahvé • XII : Mer Rouge • XIII : Torah, Abraham.

VERTICALEMENT : 1 : Juif, Sabbat • 3 : Rois • 4 : Ur • 7 : Salomon • 10 : Hébreux • 11 : Grec • 12 : Babel • 18 : Moïse • 20 : Palestine.

2 - S'amuser avec la Bible

1 : Petite bosse que les hommes ont à l'avant du cou. 2 : Période de solitude, d'abandon. 3 : Très, très vieux (Mathusalem, le grand-père de Noé aurait vécu 969 ans). 4 : Cesse tes plaintes, tes lamentations (Jérémie est un prophète biblique). 5 : Très pauvre.

ROME

1 - Le jeu des familles

« **Les dieux et héros romains** » : la Louve, Mercure, Dédale et Icare, Les Horaces et les Curiaces, L'enlèvement des Sabines.
« **Les monuments romains** » : Voie romaine, Aqueduc, Amphithéâtre, Hippodrome, Thermes, Théâtre.
« **La République romaine et la conquête de la Gaule** » : Magistrat, Vercingétorix, César, Légionnaire.
« **Divertissements et aspects de la vie quotidienne** » : Insula, Amphore, Atrium, Orgies, Gladiateur, Masques.

Conception et mise en page : Hélène LEMAIRE
Frises : CORÉDOC
Cartographie : Philippe DOUSSINET
Illustrations : Hélène FUGGETTA, Denis HORVATH (pages 94-95), Virginie EN L'ART (en-tête chapitres)

Achevé d'imprimer en avril 1998
par Normandie Roto Impression s.a.
N° d'imprimeur : 980913
Dépôt légal : 10577 - avril 1998